Günter F. Gross

Adler fressen keine Fliegen

Günter F. Gross Erfolgsformeln

Günter F. Gross

Adler fressen keine Fliegen

Günter F. Gross Erfolgsformeln

FinanzBuch Verlag

Bibliografische Information der Deutschen Bibliothek:
Die Deutsche Bibliothek verzeichnet diese Publikation in der Deutschen Nationalbibliografie; detaillierte bibliografische Daten sind im Internet über http://dnb.ddb.de abrufbar.

Covergestaltung: Stephanie Villiger
Gesamtbearbeitung: Agentur MCP, Holzkirchen
Projektmanagement und Lektorat: Evelyn Boos, Schondorf
Korrektorat: Katrin Horvat, München
Druck: Ebner & Spiegel, Ulm

Günter F. Gross · Adler fressen keine Fliegen
1. Auflage 2007

FinanzBuch Verlag GmbH
Frundsbergstraße 23
80634 München
Tel. 089/65 12 85-0
Fax 089/65 20 96

Für Fragen und Anregungen:
gross@finanzbuchverlag.de

ISBN 978-3-89879-310-0

Weitere Infos zum Thema:
www.finanzbuchverlag.de

Inhalt

Vorwort

Vor fünf Jahren sprachen Herr Dominik Kremer, Vorsitzender des Aufsichtsrats der Pioneer Investments Kapitalanlagegesellschaft mbH, und ich über eine Idee, die ihm am Herzen lag. Er sagte mir: „Wir möchten unseren Kunden und Geschäftspartnern mehr als unser Fachwissen, ausgezeichnete Produkte und guten Service bieten. Wir möchten ihnen etwas geben, was ihre Erfolgsfähigkeit an sich und damit auch ihre Lebensqualität erhöht."

Wir entschlossen uns, „Erfolgsformeln" zu liefern, eine Kombination aus Erkenntnissen, Lösungsansätzen und Lösungsschritten. Denn Erfolg braucht Systematik. Und: Erfolg kann man trainieren. Ich übernahm die Aufgabe, diese Formeln zu entwickeln. Sie vermitteln den professionellen Umgang mit persönlichen Ressourcen wie Zeit und Kraft und bieten dem Leser konkrete Anregungen zur Gewinnung von Mut, Entschlossenheit und Gelassenheit.

Seit fünf Jahren veröffentlicht Pioneer Investments diese Erfolgsformeln. Inzwischen haben sie eine Verbreitung weit über die Wirtschaft hinaus.

Ich danke Herrn Dominik Kremer dafür, dass er die Erfolgsformeln initiiert und ermöglicht hat, sowie für die inspirierende und freundschaftliche Zusammenarbeit. Ich danke Frau Jasmina Korac und dem Team von Pioneer Investments, Herrn Christian Jund, Chef des FinanzBuch Verlags, und seinem Team sowie Frau Evelyn Boos für ihre bewundernswerte Leistung als Projektmanagerin und Lektorin bei der Gestaltung dieses Buches.

Günter F. Gross

Erfolgsformeln

Klugheit und strategische Konsequenz

Menschen mit Erfolgsbegabung sind fasziniert vom Volumen, der Qualität und dem Gewinnpotenzial der noch nicht ergriffenen Gelegenheiten.

Je mehr sie bereits geleistet und geschaffen haben, umso mehr erfasst sie das Gefühl, erst am Anfang dessen zu sein, was sie leisten könnten: „Ich sage Ihnen, das ist noch gar nichts. Jetzt fängt es erst richtig an. Sie werden staunen!"

Sie analysieren, was sie tun und wie sie es tun.

Sie bewerten das, was sie bereits vollendet geleistet haben, durchdenken ihre Stärken und Schwächen, studieren ihre Strategiefehler, erfassen das Angebahnte und bisher nicht weiter Verfolgte, vor allem aber den Katalog der Chancen.

Sie gewinnen Erkenntnisse und leiten aus ihnen Regeln für ihr Verhalten und Vorgehen ab.

Sie entscheiden, was stilbildend Teil ihres Wesens sein sollte und was auf die Tabuliste gehört. Ihr Ziel ist es, an jedem Tag besser zu sein als am Vortag. Besser – das heißt für sie, das Richtige zu tun und dabei bequemer, leichter und schneller voranzukommen.

Sie sind Strategen im Sinne einer Ökonomie der Kräfte und denken in Ergebnissen.

Ihre Leitlinie ist das ökonomische Prinzip: „Mit geringstem Aufwand das erstrebte Ergebnis erzielen." Man findet sie nicht in den Startlöchern, sondern auf dem Weg zum Ziel. Vom langen Anlauf halten sie wenig, vom Endspurt hingegen sehr viel.

Erfolgsformeln sind die Essenz ihrer Lebenserfahrung.

Je größer jedoch ihre Erfahrung ist, umso interessierter sind sie an den Erfahrungen und Erfolgsformeln anderer. Hier stimmen sie mit Henry Ford überein: „Die eigene Erfahrung ist zweifellos die beste, nur wenn man sie hinter sich hat, ist man zu alt, um zu arbeiten."

Erfolgsformeln vereinen in sich Weisheitsregeln, Maximen, Strategeme, Lösungsansätze und Lösungsschritte.

Sie erleichtern es, Probleme und Gelegenheiten in ihrem Wesen, ihrer Größenordnung und Wirkung zu erkennen. Sie liefern

- Grundüberzeugungen und Werte,
- Analyse-, Diagnose- und Beurteilungssysteme,
- Verhaltensregeln und Handlungsanweisungen,
- Lösungsansätze und Lösungsideen,
- Stufenpläne, die Mauern in Treppen zu verwandeln vermögen.

Sie liefern eine erhöhte Sehfähigkeit, eine Steigerung der schöpferischen Kraft und vieles von dem, was ein kreativer Stratege benötigt.

Sie ermöglichen es,

- anders und anderes sehen zu können,
- Bedeutsames, das im Dunkeln und Verborgenen liegt, wahrzunehmen,
- andere Prioritäten und Wertvorstellungen zu begründen,
- das vorherrschende Paradigma zu verändern.

Sie helfen, Stil zu bilden und damit fähig zu werden, in jeder Situation „automatisch“ richtig handeln zu können.

Sie begründen „Können an sich“ und ermöglichen es damit dem fachlichen Können, wirksam zu werden. Denn „Können an sich“ ist die Fähigkeit, mit den persönlichen Ressourcen Zeit, Kraft und Stimmung professionell umzugehen, und der Besitz von Mut, Entschlossenheit und Gelassenheit.

Die Wahrnehmung einzelner Funktionen wird auf die Systemebene gehoben.

- Jede Art von Tätigkeit wird methodischer betrieben,
- positive Andersartigkeit wird begründet,
- erkennbare Qualität wird etabliert,
- Außergewöhnlichkeit beim Gewöhnlichen erreicht.

Erfolgsformeln sind Werkzeuge der Befähigung und wirken universell.

Es ist viel, was sie Ihnen ermöglichen und erleichtern. Sie helfen:

- zu erkennen, wofür Sie da sind,
- sich auf das zu konzentrieren, was zählt,
- Ziele zu wählen, die sich lohnen,
- eine Mission für sich zu finden,
- sich zu stabilisieren in instabilen Zeiten,
- mutiger zu werden und kühn zu handeln,
- unaufgeregt und gelassen zu bleiben,
- Verschwiegenheit und Diskretion zu bewahren,
- sich schneller von Problemen zu befreien,
- Probleme erst gar nicht entstehen zu lassen,
- die Bremskraft anderer in Antriebsenergie zu verwandeln,
- aus Pessimisten Enthusiasten zu machen,
- Positives zu erfassen, zu nutzen und zu sichern,
- Ideen und Lösungen zu gewinnen,
- Zeit zu gewinnen und zu verteidigen,
- Gelegenheiten schneller zu ergreifen,

- Angebahntes kraftvoll zu verfolgen,
- schneller Verbesserungen einzuführen,
- zu einem Überzeugungsexperten zu werden,
- die Qualität Ihrer Leistungen erkennbar zu machen,
- das zu fordern und zu erhalten, was angemessen ist,
- sich die Unterstützung von Kunden und Lieferanten zu sichern,
- die Herzen der Menschen zu gewinnen,
- frei und unabhängig zu werden,
- kraftvoll und jugendlich zu bleiben,
- sich auf die Zukunft zu freuen,
- für sich selbst da zu sein,
- ein glückliches Privatleben zu führen.

Machen Sie sich Ihre eigenen Erfolgsformeln bewusst. Halten Sie sie schriftlich fest. Fügen Sie die Erfolgsformeln dieses Buches hinzu. Gönnen Sie sich die Freude, eine Zusammenfassung dieser Lebensleitlinien zu lesen und sie vielleicht sogar an die Menschen weiterzugeben, die Ihnen nahestehen.

Viel Glück und viel Erfolg!

Ihr Günter F. Gross

Teil I

Gehen Sie in die Offensive

Erfolgsformel 1

Kraftvoll auf das Große zu!

Adler fressen keine Fliegen.

Der Adler ist der König der Fokussierung.

Sein Credo ist die Konzentration auf das, was sich lohnt. Er handelt aus beherrschender Höhe. Sein Blick geht weit. Seine Sehkraft ist phänomenal. Er sieht alles und findet den entscheidenden Punkt.

Er ist der wahre Unternehmer.

Keiner hat ihn je auf dem Markusplatz gesehen, Körner pickend inmitten der Tauben. Für ihn zählt das Ergebnis, und nicht der Anlauf zur Tat – „Ich habe mich schon mal dem Hasen gezeigt!"

Er ist kein Pfau und kein Papagei.

Er ist weder eitel noch schwatzhaft. Übergewicht kennt er nicht. Das Lean Management hat er erfunden.

Entschlüsse trifft er selbst.

Nie werden Sie ihn sagen hören: „Ich muss erst den Zaunkönig fragen!"

Er wählt sein Ziel und startet.

Nicht gemächlich und zögerlich, sondern pfeilschnell und entschlossen. Trotz seiner Schnelligkeit verliert er sein Objekt nicht aus den Augen. Es mag sich bewegen, wohin es auch will.

Nie wird er zum gleichen Zeitpunkt drei Objekte verfolgen:
den Hasen, die Maus und das Murmeltier.

Hier sind die Lehren, die der Adler liefert:

Bestimmen Sie, was Sie sind.
So kompetent Sie auch sein mögen, Sie können nicht gleichzeitig Adler, Schwalbe und Haubentaucher sein. Haben Sie die Kühnheit zur Konzentration auf Ihre Kernkompetenz.

Wählen Sie das Gebiet, auf dem Sie besser sein können als andere.
Auf dem Sie anders und anderes zu sehen vermögen als die, die hier bereits erfolgreich tätig sind. Wählen Sie ein Gebiet, von dem noch niemand erkannt hat, dass es als Gebiet überhaupt existiert.
Heben Sie ein Thema auf die oberste Ebene, das allen anderen als absolut unwichtig erscheint und dessen Relevanz sie nicht begreifen. Erkennen Sie ein Bedürfnis, das in der Denkwelt der Experten noch nie aufgetaucht ist. Bieten Sie Leistungen, die früher beginnen und später enden, die nicht nur Teile eines Problems lösen helfen, sondern das komplette Problem.

Wählen Sie für sich eine Mission.
Nur diese bringt Sie auf eine beherrschende Höhe. Mit der Wahl einer Aufgabe oder einer Tätigkeit werden Sie diese Höhe nicht erreichen.
Es gibt kein Charisma ohne die Existenz einer Mission. Nur sie erhebt den Menschen über die Alltäglichkeit.

Der Kern Ihrer Mission ist Ihre Vision.
Sie wiederum ist die Vorstellung von einer Lage oder Lösung, die eine Qualität besitzt, die bisher unvorstellbar war – oder aber verloren ging und in Vergessenheit geriet.

Die Frage nach der Qualität dessen, was Sie bieten wollen, ist die entscheidende Frage überhaupt.

Erst die Antwort auf diese Frage zeigt Ihnen Ihr Potenzial, beginnt Sie zu faszinieren und zu vitalisieren, befähigt Sie, anderes loszulassen und sich völlig auf Ihre Mission zu konzentrieren.

Auf welchen Gebieten wollen Sie mit einer höheren Qualität antreten?

Schaffen Sie Lösungen für Probleme, mit denen die Menschen heute noch alleingelassen werden. Studieren Sie die Schwachpunkte existierender Lösungen. Geben Sie dem, was Sie bieten, Eigenschaften, auf die andere nicht kommen, die sie für unnötig halten oder aber für noch nicht nötig. Lassen Sie eine andere Qualitätswelt entstehen und machen Sie das, was Sie mehr bieten, in seiner Nutzenstiftung erkennbar.

Finden Sie die Zielgruppen, die fähig sind, Ihre Werte zu begreifen.

Die das Unverwechselbare erkennen und bereit sind, es zu honorieren.

Beschließen Sie, die Nummer 1 zu werden oder zumindest zur Spitze zu zählen.

Mit einer entschlossenen Fokussierung können Sie das erreichen.

Mobilisieren Sie alle Kräfte.

Fragen Sie sich ständig: Was könnte ich dafür noch einsetzen? Wer könnte mir helfen, voranzukommen? Mit wem kann ich mich verbünden?

Behalten Sie Ihr Ziel im Auge.

Wandern Sie nicht von links nach rechts, sondern bewegen Sie sich nach vorn und nach oben.

Erscheinen Sie nicht dort, wo das Gedränge inzwischen zu groß geworden ist.

Überwinden Sie die Vorstellung, überall dabei sein zu müssen und das tun zu müssen, was andere tun.

Warten Sie nicht darauf, dass andere Sie ernähren.

Für Adler gibt es keine festen Fütterungszeiten. Es sei denn, sie hätten ihre Freiheit verloren. Der Lebensraum des unternehmerischen Menschen ist die Wildnis, und nicht der Zoo.

Bleiben Sie nur dann auf einem Territorium, wenn es dort möglich ist, offensiv zu handeln.

Bleiben Sie nicht nur, weil Sie schon so lange da sind oder dort einmal eine Vorzugsstellung besaßen.
Sie sind zuständig für die Offensive. Verwandeln Sie sich also nicht in eine Besatzungstruppe. Das würde Sie in der Routine versinken lassen, Sie lähmen und Ihnen den Offensivgeist rauben.

Studieren Sie das Wesen unternehmerischer Menschen.

Sie sind beseelt von einer Mission und haben sich ihr verschrieben. Sie sind entschlossen, Großes zu schaffen und groß zu werden.

Der unternehmerische Mensch hat den Mut zur Fokussierung.

Er vertraut darauf, dass die Konzentration der Kräfte ihm den Erfolg bringen wird. Den meisten Menschen fehlen hierzu der Wille und der Mut. Sie begnügen sich lieber mit einer Folge kleiner Ergebnisse als ein großes Werk zu wagen.

Es gibt viele intelligente und begabte Menschen.

Warum handeln nicht mehr von ihnen unternehmerisch? Sie geben sich mit den Werten Wissen, fachliches Können und Zuverlässigkeit zufrieden. Die gleichen Werte schätzt der unternehmerische Mensch, nur steht bei ihm ein anderer Wert darüber: das Ergebnis der vollbrachten Tat auf dem Weg zur Schaffung eines Werkes.

Viele besitzen einen beweglichen Geist.

Für diesen zahlen sie den Preis einer leichten Ablenkbarkeit. Sie sind empfangsbereit für alles, was auf sie zukommt. Ihnen fällt ständig ein, was sie noch alles tun könnten. Für das, was zählt, fehlt ihnen dann die Zeit: „Ihre Einladung zum Besuch der Goldmine kann ich leider nicht annehmen, da ich zurzeit an einem Kieselstein-Projekt arbeite."

Einige von ihnen sind Zick-Zack-Typen.

Wohin führt Ihr Weg? – Hin und her!
Wofür sind Sie zuständig? – Für alles, was kommt!
Was bieten Sie an? – Das, worum ich gebeten werde!

Der unternehmerische Mensch hat diese Fragen:

Wo stehen wir?
Wie weit sind wir gekommen?
Was wollen wir bis wann erreichen?

Wenig fähig zur Fokussierung sind viele erfahrene Menschen.

Sie fühlen sich mit dem, was sie entwickelt und vorangebracht haben, emotional extrem verbunden. Sie betrachten die Gebiete, denen sie so viel von ihrer Lebenszeit und Zuneigung geschenkt haben, als ihren Besitz und ihre Heimat.
Sie aufzugeben, käme für sie einer Selbstaufgabe gleich. Es wirkt auf sie, als würden sie Teile ihres Lebens degradieren und im Stich lassen. Für manche hat die Strategie der „Konzentration auf Kernkompetenzen" den Charakter einer Heimatvertreibung.

Trennen Sie sich schnell und endgültig von dieser Sichtweise.

Erkennen Sie, dass das Loslassen ein Akt der Notwendigkeit und der Kühnheit ist, eine Voraussetzung für den Ausbruch aus dem Kessel und die Sammlung der Kräfte für einen neuen Start.

Konzentrieren Sie sich gedanklich auf das, was Sie mit dem Neuen gewinnen, welche Befreiung es bringt und welche Macht, fokussiert und offensiv Werke zu schaffen.
Die größte strategische Leistung ist der geordnete Rückzug auf eine höhere Ebene. Von dieser aus gilt es dann kraftvoll zu starten. Schenken Sie Ihre Zuwendung und Ihren Enthusiasmus der Mission, der Sie sich für die kommenden Jahre verschrieben haben.

Unternehmer

- vitale Präsenz
- Freude an dem, was sie tun
- große Bindung an das, was sie tun
- Wagemut und Tatkraft,
  Ausdauer und Beharrlichkeit
- Wahrnehmungsvermögen und Lernfreude
- Wissbegierde und Neugier
- ein Auge für Chancen
- intime Kenntnis ihrer Branche und dessen, was andere bieten
- enormes Wissen über Qualität und Qualitätsunterschiede
- starke Überzeugungen und Wertvorstellungen
- das Wissen um das, worauf es ankommt
- die Fähigkeit, Menschen für sich zu gewinnen
- eine Vision vom Werk, das sie zu schaffen gedenken
- der Wille zu wachsen, es anderen zu zeigen und sie zu übertreffen

Basis

großer
Erfolge
ist eine
Mission

Kühnheit

potenziert
das
Können

Groß genug

um ihm
meine Zeit
und Kraft
zu schenken?

Bringt es mich auf meinem Weg voran

oder

führt es in die falsche Richtung?

Erfolgsformel 2

Stabilität in instabilen Zeiten

Die Überwindung von Schwierigkeiten und Hindernissen. Stimmung für ein offensives Handeln.

Ihre berufliche und private Lebensqualität manifestiert sich in Ihrer Stimmung. Sie ist der bedeutendste Wert Ihres immateriellen Vermögens. Der Gestaltung Ihrer Stimmung müssen Sie sich mindestens so professionell, konsequent und wachsam widmen wie dem Umgang mit finanziellen Mitteln.

Sie brauchen ein persönliches Stimmungsmanagement.

Ihre Stimmung entscheidet darüber, wie mutig, entschlossen, kraftvoll und enthusiastisch Sie Schwierigkeiten und Hindernisse überwinden können.

Machen Sie eine Stimmungsbilanz.

Messen Sie nicht nur finanzielle Fortschritte, sondern auch die Entwicklung Ihrer Stimmung. Wie viele Stunden in diesem Monat war ich frei von

- Unruhe,
- Nervosität,
- Aufregung,

- Befürchtungen,
- Besorgnissen,
- Ärger,
- Hetze und Hektik?

Wie viele Stunden voller
- Enthusiasmus,
- Fröhlichkeit,
- heiterer Gelassenheit,
- vielleicht sogar Übermut?

Machen Sie Ihre Stimmung unabhängig von den Problemen und Belastungen, denen Sie jeweils ausgesetzt sind. Gewinnen Sie die Grundeinstellung: „Das Leben ist das Lösen von Problemen. Sie sind zentraler Bestandteil unseres Lebens, die Normalität."
Lassen Sie nicht zu, dass Ihr Gehirn von Besorgnissen, Befürchtungen und Ärger in eine Giftmüll-Deponie verwandelt wird. Werden Sie nicht zum Langzeit-Gefangenen negativer Grundeinstellungen.

Arm dran ist der Pessimist.

Er hat eine isoliert negative Wahrnehmungsfähigkeit und ist fixiert auf das „Bedrohliche". Das Positive bedroht ihn nicht, also nimmt er es nicht wahr. Sein Können und seine Möglichkeiten schätzt er geringer ein, als sie es sind. Er ist ständig dabei, sich zu unterwandern und zu entkräften.
Er selbst betrachtet sich nicht als Pessimisten, sondern als Realisten, den Einzigen, der unter den „Arglosen im Chaos" fähig ist, das Negative der Lage zu erkennen und zu beurteilen. Hier irrt er. Seine pessimistische Grundhaltung bringt gar nichts. Sie liefert kein Urteilsvermögen, sondern verdirbt es.
Anstelle von Pessimismus brauchen wir Klugheit. Nur sie befähigt uns, die Wirklichkeit zu erfassen, sie richtig zu beurteilen und daraus die Konsequenzen für unser Handeln zu ziehen.

Pessimismus hat nur in einer Hinsicht etwas zu bieten: als Bremssystem.

Er verfügt über den „Paralysator“. Seine Bremsleistung ist gigantisch: in 1 Sekunde von 100 auf 0. Pessimismus liefert Wogen von Worten und verhindert Taten. Er kräftigt die Zunge und lähmt die Füße.

Lernen Sie es, weniger besorgt zu sein.

Die Menschen sind besorgt von Hause aus und Heidegger hat beschrieben, warum das so ist: Vor Jahrmillionen kam die Sorge über den Fluss, näherte sich Zeus und verlangte von ihm eine Behausung. Hierfür schuf Zeus den Menschen.

Seit dieser Zeit ist die Sorge unsere Untermieterin. Wir sollten sie endlich exmittieren. Überleben kann die Sorge nur, wenn wir sie ständig mit verseuchter Nahrung versorgen. Sie ernährt sich von unseren Ängsten und Befürchtungen, von Pessimismus und destruktiver Phantasie. Verweigern Sie ihr diese Art von Nahrung, dann sind Sie die Sorge los.

Entmutigen Sie sich nicht selbst.

Jede negative Botschaft, die Sie von sich geben, stiehlt Ihnen die Kraft und den Antrieb, Positives zu bewirken. Benutzen Sie nie mehr negative Elemente der aktuellen Lage als Argumente dafür, dass es für Sie im Augenblick sinnlos ist, etwas zu unternehmen, und vor allem unmöglich, etwas zu erreichen.

Reden ist kein Handeln, Klagen keine Konsequenz.

Über wen und was reden Sie seit Wochen, ohne irgendetwas zur Lösung zu tun?

Sie haben immer zwei Möglichkeiten. Sie können auf das Negative warten: „Was wird mir passieren?“ Oder Sie können das Positive schaffen: „Was werde ich unternehmen?“

Das Leben ist ein Hindernisrennen.

Viele der Hindernisse bekommen wir geliefert, die meisten aber liefern wir uns selbst, durch Eigenlähmung, Selbstfesselung und Verzögerungssucht.

Reden Sie sich nicht ein, Sie könnten erst wieder erfolgreich sein, wenn sich die Verhältnisse geändert hätten. Ändern Sie sich lieber entschlossen selbst – in Ihrer Einstellung, Ihrem Verhalten und mit Ihrer Strategie.

Der Defensive fragt: „Wo geht es nicht?“

Der Offensive fragt: „Wo geht es?“

Der Pessimist sieht eine Schwierigkeit in jeder Gelegenheit. Der Optimist sieht eine Gelegenheit in jeder Schwierigkeit. Clausewitz bringt es auf den Punkt: „Wer über dem Unmöglichen das Mögliche versäumt, ist ein Tor!“

Stimmungsdiebstahl ist Schwerkriminalität.

Lassen Sie sich von niemandem Ihre Stimmung stehlen. Wer Ihnen Geld stiehlt, den lassen Sie verfolgen. Wer Ihnen die Stimmung stiehlt, kommt meist straffrei davon. Das ist absurd, denn er beraubt Sie um wesentliche Werte Ihres immateriellen Vermögens: Enthusiasmus, Elan, Optimismus und Realisierungskraft. Identifizieren Sie die Stimmungsdiebe und halten Sie sich von ihnen fern. Werden Sie immun gegenüber ihrem Pessimismus und Unterwanderungsvermögen.

Gehen Sie entschlossen und kraftvoll voran.

Entwickeln Sie Ihren Sinn für Dringlichkeit. Entscheiden Sie schneller und kommen Sie schneller auf Touren. Nichts ist wirklich geschehen, bevor Sie es erfolgreich beendet haben. Auch beim Hundertmeterlauf sind 99 bereits gelaufene Meter ihrem Wesen und ihrer Wirkung nach nichts anderes als Anlauf.

Es gibt Meister im Anlaufnehmen und Meister im Realisieren. Die einen versorgen den Kunden so lange mit Informationen, bis er sich nicht mehr rühren kann und entscheidungsunfähig geworden ist. Die anderen befreien den Kunden von Befürchtungen, führen ihn entschlossen zur Entscheidung und erzielen ein Ergebnis. Die wahren Könner sind die großen Realisierer. Sie haben sich schon vor langer Zeit von Hemmungen und negativer Autosuggestion befreit.

Machen Sie Hindernisse und Schwierigkeiten nicht größer, als sie sind.

Hören Sie auf, das Matterhorn zu malen, wenn Sie vor einem Maulwurfshügel stehen. Fragen Sie sich vor Kontakten nicht immer wieder besorgt:

- „Was könnte er sagen,
- worüber könnte er klagen,
- was könnte sie fordern,
- wie könnte sie reagieren,
- was wartet da an Negativem auf mich?“

Entwickeln Sie Ihren Kampfgeist.

Gehen Sie in die Offensive, unabhängig von der herrschenden Lage. Gehen Sie auf Hindernisse und Widerstände zu. Weichen Sie ihnen nicht aus. Die sportliche Disziplin des Lebens ist nicht der Hochsprung in den Startlöchern, sondern der Hürdenlauf. Das wahre Leben ist der Kampf in der Arena, und nicht die Tätigkeit des Kommentators auf den Rängen.

Ermutigen Sie die Menschen, mit denen Sie zu tun haben.

Nehmen Sie ihnen die Angst und die Furcht. Liefern Sie ihnen innere Ruhe und ein Gefühl der Sicherheit. Fördern Sie ihren Optimismus und ihr Selbstvertrauen. Erhellen Sie die Welt Ihrer Partner mit den Machtmitteln der gedanklichen Klarheit und der sprachlichen Disziplin. Wenn Sie das können und wenn Sie das tun, werden Sie selbst am meisten davon profitieren: innere Ruhe, Enthusiasmus und Freude an dem, was Sie zu bieten haben.

Optionen

Das Negative erwarten:
Was wird mir passieren?

Das Positive schaffen:
Was werde ich unternehmen?

Risikobereit

Bereit, etwas auch dann zu unternehmen, wenn vorher keine absolute Erfolgsgarantie zu erhalten ist.
Gewillt, es auf sich zu nehmen, mit jeder Lage, die daraus entstehen könnte, fertig zu werden.

Warum fangen Sie nicht einfach an?

Was fürchten Sie?
Was blockiert Sie?
Was fehlt Ihnen?
Was hält Sie zurück?

Trennen Sie sich von diesen Sprüchen

Das geht nicht.
Das geht aber nicht immer.
Das geht aber nicht überall.
Das geht aber nicht bei jedem.

Keine Lösung funktioniert immer, überall und bei jedem.
Suchen Sie nicht nach dem Stein der Weisen. Legen Sie sich eine Steinsammlung an.

Erfolgsformel 3

Was Mut für Sie tut.

Die Macht des Mutes ist gewaltig. Sie liefert die Kraft zur befreienden Tat.

Mutlos ist das Leben ohne Sonne. Die Zukunft wirkt düster und die Gegenwart grau.

Mut ist das Geheimnis der Erfolgsbegabten.

Sie sind erfolgreich, weil sie etwas wagen, und das ist das, was zählt. Ein Mensch, der Mut besitzt, dem ist die Macht zu eigen, auch alle anderen Arten von Besitz zu mehren.

Wissen ist Nutzlast.

Sie muss befördert werden, um zu wirken. Wenn aber Mut und damit Antrieb fehlen, bleibt auch das größte Wissen wirkungslos.

Zehntausende sind da, um Wissen zu vermitteln.

Wer aber liefert Menschen „Mut“? Wer lehrt uns, kämpferisch zu handeln, und macht uns weniger anfällig für Furcht? 10 % mehr Mut bringen mehr als 30 % zusätzliches Wissen.

Mut ist der Motor des Erfolges.

Wo es an Mut fehlt, übernehmen Stillstand, Lähmung und Angst die Macht. Ohne Mut sitzen die Menschen in den Ecken und warten darauf, dass einer sie auf den Gipfel trägt.

Ohne Mut wird der Mensch zum Spielball.

Mit Mut aber übernimmt er das Spiel. Er entscheidet selbst darüber, wie er sein Leben führen möchte.

Mut führt Sie zur Entschlossenheit.

Er befähigt Sie, Entscheidungen auch dann zu treffen, wenn Sie nicht im Voraus wissen können, ob die Ergebnisse so sein werden, wie Sie sich diese wünschen. Mut liefert Ihnen die Macht, auf das Negative zuzugehen, trotz der Möglichkeit, sich dadurch einer Gefährdung auszusetzen.

Unterscheiden Sie zwischen „Erfolg“ und „Erfolgsfähigkeit“.

Sie planen das, was Sie mit Ihrer Arbeit erreichen wollen. Wenn Sie es dann erreicht haben, nennen Sie es Erfolg. Viel weniger planvoll gehen die meisten jedoch mit dem Thema „Erfolgsfähigkeit“ um. Nur wenige setzen sich Ziele für die Gewinnung von Mut, Entschlossenheit, Gelassenheit, Ausdauer und Beharrlichkeit. Nur wenige prüfen die erzielten Fortschritte.

Wissen ist wichtig, Können ist nötig, Mut ist lebenswichtig.

Machen Sie die Gewinnung von Mut zu einer Mission. Denken Sie darüber nach, wofür Ihnen bisher der Mut fehlte und womit Sie sich grundsätzlich schwer tun. In welchen Situationen verhalten Sie sich defensiv, weichen zurück und verzichten darauf, das zu tun, was nötig wäre? Wie sieht der Katalog Ihrer Befürchtungen aus? Was schieben Sie seit Jahren vor sich her, ohne es zu tun?

Jeder Tag bietet Ihnen die Chance, mutiger zu werden.

Jeden Tag haben Sie mit Fragen zu tun, deren Beantwortung durch Sie Ihnen zeigt, wie mutig und entschlossen Sie gerade sind. Hier sind sie, diese Fragen:

- Soll ich diese Arbeit aufschieben oder sofort erledigen?
- Soll ich die Arbeit abschließen oder mich ihr weiter widmen?

- Soll ich Kontakt aufnehmen oder es besser lassen?
- Soll ich mich vorsichtig verhalten oder mutig und offensiv?
- Soll ich mich tarnen oder voll in Erscheinung treten?
- Soll ich die Forderung stellen oder besser darauf verzichten?
- Soll ich zustimmen, ablehnen oder aber einen Gegenvorschlag machen?
- Soll ich mich wehren, oder soll ich es hinnehmen?
- Soll ich mich trennen oder nicht?

Kommen Sie schneller zur Tat.

Gehen Sie auf das, was Sie gedanklich gefangen hält, schneller zu. Gehen Sie entschlossen und kraftvoll an die Probleme heran. Viele von ihnen werden allein dadurch kleiner. Je länger Sie jedoch zögern, sich ihnen zu widmen, umso mehr wächst ihre bedrohliche Wirkung.

Hören Sie auf, zu reden. Fangen Sie an, zu handeln.

Jede Minute, die Sie darüber reden, was Sie noch zu tun haben, nimmt Ihnen eine Minute für die Tat. Versuchen Sie, aus dem Stand heraus zu handeln, und nehmen Sie nicht endlos Anlauf.

Bekämpfen Sie jedoch das überstürzte Handeln.

Springen Sie nicht sofort los, wenn irgendwo ein Signal ertönt. Gelassen bleiben Sie mutig. Hetze und Hektik bewirken das Gegenteil.

Scheuen Sie sich nicht vor einer Konfrontation.

Verzichten Sie nicht nur deshalb auf berechtigte Forderungen, um ein freundliches Klima zu erhalten und den Unmut anderer zu vermeiden. Lernen Sie es, „Nein" zu sagen. Lehnen Sie das ab, was Sie nicht wollen. Entschlossen und liebenswürdig!

Werden Sie immun gegen Kritik.

Lassen Sie sich durch Kritik nicht entmutigen. Betrachten Sie diese vielmehr als kostenlose Beratung.

Treten Sie kraftvoll und mutig auf.

Je mutiger Sie sich verhalten, umso mutiger werden Sie. Agieren Sie nicht zaghaft und zögerlich. Sprechen Sie zuversichtlich und optimistisch, deutlich und laut genug, klar und präzise, vor allem aber völlig unaufgeregt.

Mut wächst mit seiner Anwendung.

Mit jeder mutigen Aktion gewinnen Sie einen bleibenden Zuwachs an Mut.

Ermutigen Sie die Kinder und die jungen Menschen.

Sie schenken ihnen damit ein Vermögen, das ihnen ein Leben lang Zinsen bringt. Denken Sie an die Ermutigung, die Sie früher einmal selbst erfahren haben, dann wissen Sie, wie sehr das stimmt.

Wir brauchen Mut

- um Freiheit zu gewinnen und zu bewahren,
- unser Leben selbst zu bestimmen,
- über Ideen nicht nur zu reden, sondern sie zu verwirklichen,
- uns nicht einschüchtern zu lassen,
- unsere Rechte und Ansprüche zu verteidigen,
- unsere Überzeugungen zu vertreten,
- Forderungen zu stellen,
- Forderungen abzulehnen,
- schneller mit der Arbeit zu beginnen,
- schneller mit ihr fertig zu werden,
- Kontakt aufzunehmen,
- Neues zu wagen,
- den sicheren Hafen zu verlassen,
- Entscheidungen zu fällen und uns an sie zu halten,
- uns von Vorhandenem zu trennen,
- Verantwortung zu übernehmen und zu tragen.

Realisierungs-Rabatt

Mit Mut zahlen Sie für das,
was Sie gewinnen wollen,
nur den halben zeitlichen Preis.

Der Lohn der mutigen Tat

Jede macht Sie
mutiger an sich.

Mut-Report

Die mutige Tat des Tages.
Heute vollbracht:

____

Schenken Sie Ermutigung

Kein anderes Geschenk bleibt länger im Gedächtnis des Beschenkten haften. Manchmal ein Leben lang.

Erfolgsformel 4

Pflegen Sie das Positive.

Entdecken, ergreifen und nutzen Sie es.

Das positive Denken ist ein Gnadengeschenk.

Menschen, die positiv denken, sind reich. Sie vermögen das Positive zu sehen, können sich am Positiven erfreuen und beziehen daraus einen großen Teil ihrer Kraft und Ausstrahlung.

Positiv denkende Menschen sind durchaus nicht naiv.

Auch sie wissen, dass jedes Ding zwei Seiten hat. Sie sehen jedoch zuerst die positive Seite. Sie lassen sich den Zugang zum Positiven nicht durch das Negative versperren. Ihr Blick ist nicht auf das Negative fixiert.

Sie verstehen sich auf den Umgang mit dem Positiven.

Sie denken positiv, wissen aber, dass das positive „Denken" nicht ausreicht, sondern die Fähigkeit hinzukommen muss, das Positive zu sehen und zu ergreifen.

Positives und Negatives verhalten sich völlig unterschiedlich.

Das Negative ist aggressiv. Es drängt sich in den Vordergrund und tritt auf als Lieferant von Bedrohlichkeit. Ein negatives Ereignis vermag zehn positive Ereignisse in die Unsichtbarkeit abzudrängen.

Das Negative meldet sich selbst.

Nach dem Positiven müssen Sie suchen. Das Negative kreischt und schreit. Das Positive hält sich bedeckt, ist leise und zurückhaltend. Die meisten Menschen haben mit so vielen Problemen und Belastungen zu tun, dass sie die Existenz und die Kraft des Positiven nicht mehr zu sehen vermögen. So versuchen sie, ihre Probleme auf direkte Weise zu lösen, und sehen nicht, dass es auch ein indirektes Vorgehen gibt: „Mit der Gewinnung des Positiven verschwindet ein Teil des Negativen von selbst!“

Sie brauchen ein System für den Umgang mit dem Positiven.

Sie müssen sich dafür konditionieren und organisieren. Sie brauchen Methoden und Werkzeuge, die Ihnen dabei helfen,

- das Positive wahrzunehmen,
- seine Bedeutung zu erkennen,
- es zu benennen,
- es zu beschreiben
- und ständig im Blickfeld zu behalten.

Sie müssen den Zugang zum Positiven organisieren,

- das Positive nutzen,
- es pflegen und erhalten,
- es stabilisieren und verstärken.

Beginnen Sie damit, dass Sie dem Positiven mehr Zeit schenken.

Wenden Sie sich ihm stärker zu. Erschließen Sie es für sich.

Lassen Sie sich vom Negativen nicht völlig in Besitz nehmen.

Halten Sie sich nicht nur auf dem Territorium des Negativen auf. Wechseln Sie häufiger auf die positive Seite.

Fahnden Sie nach dem Positiven.

Entwickeln Sie Suchsysteme, um Positives aufzuspüren.

Erfassen Sie die Bedeutung des Positiven.

Quantifizieren Sie es. Stellen Sie es in Zahlen dar. Lernen Sie seine Größenordnung kennen.

Stellen Sie sich folgende Fragen:

- Was bedeutet dieses Positive für mich?
- Welchen Rang nimmt es ein?
- Wie stark sichert es mich ab?
- Wie sehr bringt es mich voran?
- Welches Negative kann ich mit diesem Positiven ausschalten oder irrelevant machen?
- In welche Lage würde ich geraten, wenn dieses spezielle Positive nicht mehr da wäre?

Halten Sie Ihren Besitz an Positivem schriftlich fest.

Machen Sie eine Liste dessen, was bei Ihnen positiv ist. Erarbeiten Sie eine Aufstellung Ihres positiven Potenzials. Geben Sie jedem positiven Element einen eigenen Namen, denn nur das, was Sie benannt haben, können Sie auch durchdenken.

Befördern Sie das Positive in Ihr Blickfeld.

Ermöglichen Sie es dem Positiven, Sie ständig an seine Existenz zu erinnern und Sie damit gleichzeitig zu erfreuen und zu motivieren.

Studieren Sie, wie das Positive entstanden ist.

- Welche Verhaltensweisen und welches Vorgehen haben zum Entstehen des Positiven geführt?
- Welche Unterstützung wurde von welcher Seite geliefert?

Machen Sie die erkannten Verhaltensweisen und Methoden zu einem festen Bestandteil Ihres persönlichen Erfolgssystems.

Halten Sie fest, was unbedingt positiv bleiben sollte.

Nehmen Sie das jetzige Positive nicht als selbstverständlich hin. Bringen Sie ihm mehr Achtung und Wertschätzung entgegen. Und zwar nicht nur dem Positiven selbst, sondern auch denen, die es Ihnen liefern.

Entwickeln Sie eine Kunstform für die Darstellung dessen, was bei Ihnen positiv ist.

Das Positive muss bereits durch die Art, in der Sie es sich präsentieren, zu seiner Nutzung verlocken.

Machen Sie eine Liste der Menschen, die Sie als Pfeiler Ihres Erfolges betrachten.

- Wen empfinden Sie als besonders wohl gesonnen?
- Wer tut viel für Sie?
- Wer hilft Ihnen auf liebenswürdige und professionelle Weise?

Erst wenn Sie diese Liste besitzen, wissen Sie auch, was Sie für die tun sollten, die sich auf der Liste befinden.

Stärken Sie das Starke und Intakte.

Hüten Sie sich vor den Aposteln der herrschenden Meinung und ihren zweifelhaften, zentralen Glaubenssätzen:

- Um das Positive brauchen wir uns nicht zu kümmern.
- Um das Starke müssen wir uns nicht bemühen.
- Das, was von sich aus läuft, brauchen wir nicht zu schützen, nicht zu pflegen und schon gar nicht noch stärker zu machen.
- Was stark ist, wird auch stark bleiben.
- Was positiv läuft, wird auch so weiterlaufen.
- Wer selbst verantwortlich handelt, wird es auch ohne Motivierung und Anerkennung voller Begeisterung weiterhin tun.

Auch das Positive ist anfällig.

Positives bleibt nicht von selbst positiv. Missachtung und mangelnde Wertschätzung bringen es zum Verblühen. Schenken Sie also dem Positiven mehr Zuwendung und Zuneigung. Kämpfen Sie darum, das Positive zu bewahren. Pflegen Sie es. Lassen Sie es nicht allein.

Betrachten Sie das Positive nicht als etwas, was Ihnen zusteht.

Sehen Sie es nicht als Selbstverständlichkeit an. Nehmen Sie es nicht als gegeben hin. Werden Sie fähig, das Positive als etwas Besonderes und Außergewöhnliches anzusehen. Betrachten Sie es als ein Geschenk, das Sie sich nicht einmal für immer verdient haben, sondern sich ständig neu verdienen müssen.

Was Sie haben, werden Sie nur behalten,

- wenn Sie wissen, dass Sie es haben,
- wenn Sie seinen Wert begreifen,
- wenn Sie es nutzen,
- wenn Sie es pflegen und behüten
- und wenn Sie den „Umgang mit dem Positiven“ als eine Kardinalaufgabe betrachten, die über Ihren Lebenserfolg entscheidet.

Ungenutzte Gelegenheiten

3 die ich
sofort ergreifen werde:

1.

2.

3.

Gelegenheiten sind Schmetterlinge.

Man muss sie
schnell ergreifen.
Sonst sind sie
verschwunden.

Irrtum:

Positives läuft von selbst.
Profis brauchen
weder Lob
noch Unterstützung.

Ergreifen Sie das Positive.

Es befreit Sie
vom Negativen.

Stärken Sie das Starke.

Stabilisieren Sie
das Intakte.

Erfolgsformel 5

Ideen sind die Kinder des Geistes.

Geben Sie ihnen eine Chance!

Wenn wir von Kreativität sprechen, erkennen wir, dass es drei Arten von Menschen gibt.

- Die Ideenlosen: Ihnen fällt wenig auf und wenig ein.
- Die „Man müsste mal“-Menschen, die über ihre Ideen reden, sie Jahre mit sich herumtragen, ohne jemals zur Tat zu schreiten.
- Die „Realisierungselite“: Menschen mit Ideen und gleichzeitig dem Mut, dem Antrieb und der Entschlossenheit, sie in Innovationen zu verwandeln.

Menschen der dritten Art haben ein glückliches Naturell.

Sie sind kraftvoll, heiter, übermütig und ständig dabei, Grenzen zu überschreiten, die von anderen als unüberwindbar betrachtet werden. Sie sind meist auch zufriedener als andere, denn sie glauben an die Existenz von Lösungen, sehen gerade in besonders schwierigen Situationen „Auswege“ und empfinden sich damit weniger stark Zwängen unterworfen.

Sie sind Abenteurer des Geistes und Pioniere der Innovation.

Die Fülle dessen, was sich verbessern lässt, lockt und fasziniert sie, und sie gehen geradezu selbstverständlich davon aus, dass sie die Macht besitzen, die von ihnen gesehenen Verbesserungen selbst direkt oder indirekt zustande zu bringen.

Sie sind vital, wach und optimistisch.

An alles gehen sie erst einmal mit einem positiven Ansatz heran. Unabhängig von ihrem Lebensalter sind sie jung geblieben – wissensdurstig, bildungshungrig und lernfreudig.

Der Kern ihrer kreativen Potenz ist ihr Wahrnehmungsvermögen.

Sie blicken weit über das hinaus, was andere als betrachtungswürdig ansehen. Ihr Blickwinkel ist breiter und ihr Blick geht tiefer.

Sie mögen andere Menschen.

Sie haben Respekt vor ihnen und sind überzeugt davon, dass sie von anderen lernen können. Als Zuhörer verhalten sie sich so positiv und ermutigend, dass jede Quelle, der sie lauschen, immer frischer werdend weitersprudelt.

Der Ideenlose schätzt nur das, was er kennt.

Er geht davon aus, dass bei ihm und in seinem Tätigkeitsbereich alles völlig anders ist. Entsprechend ist seine Einstellung zu Ideenquellen, die von dem, was er tut, weit entfernt sind. Allein diese Tatsache nimmt er bereits als Beweis dafür, dass eine Lösung, die von so weit her kommt, für ihn völlig unbrauchbar ist. Kaum nimmt er wahr, woher eine Idee stammt, fängt er an, die Quelle abzuwerten, zu diffamieren und als unbrauchbar zu bezeichnen.

Der Ideenreiche hingegen ist unvoreingenommen.

Er vermag abstrakt und grundsätzlich zu denken. Fremde Quellen faszinieren ihn besonders. Sein Credo lautet: „Je weiter weg eine Quelle liegt, umso revolutionärer ist das, was sie mir für meinen eigenen Bereich bietet. Sie macht es mir möglich, die Üblichkeit zu sprengen und völlig andersartig zu sein."

Ideenreiche verfügen über einen „Quellenerschließungstrieb".

Sie vermögen Ideenquellen zu entdecken, ihre Qualität einzuschätzen und den Ideenstrom dieser Quellen auf ihr eigenes Territorium zu lenken.

- **Mustererkennung**
  Sie erfassen Muster und damit die Strukturen erfolgreicher Lösungen.
- **Kombinationsvermögen**
  Ihr Kombinationsvermögen erlaubt es ihnen, aus vorhandenen Elementen neue Lösungen zu schaffen.
- **Qualitätsstreben**
  Ihr ständiges Streben nach Qualität, Effektivität und Effizienz treibt sie an.

Nicht-kreative Persönlichkeiten sind von Hause aus skeptisch.

Neuen Ideen treten sie mit der Mentalität eines Zöllners entgegen und sehen damit ihre Hauptaufgabe darin, nichts „Unerlaubtes" in ihr Gebiet zu lassen.

Sie verfügen über Erfahrungen, aber es fehlen ihnen die Einfälle.

Die höchste Stufe ihrer Belebtheit erreichen sie, wenn es zu begründen gilt, warum etwas nicht geht. Hier werden sie wach, vital und beredsam. Sie gehen davon aus, dass sie bereits alles getan haben, was möglich ist, und betrachten deshalb jede neue Idee als eine verkleidete Anklage gegenüber ihrem bisherigen Verhalten und Handeln. Sie präsentieren ihre Vorurteile, ziehen ungeeignete Analogieschlüsse und produzieren eine zerstörerische Assoziation nach der anderen. Wenn es ihnen nicht gelingt, eine Idee zu zertreten, dann stellen sie an die Idee solche Forderungen, dass die Idee lieber selbst das Weite sucht.

Sie werden eine Idee niemals mit einem Wohlwollensvorschuss begrüßen.

Dabei sind Menschen dieser Art häufig hochintelligent. Aber Intelligenz, Erfahrung und Expertenwissen sind nicht zwangsläufig mit Kreativität verbunden.
Gerade für manchen Experten gilt, dass er sein Leistungsvermögen darin sieht, beweisen zu können, warum etwas nicht gehen kann.
Statiker vor 200 Jahren beim Anblick der ersten Giraffe im Pariser Zoo: „Ein solches Tier kann es nicht geben, es ist statisch nicht möglich!“

17 Regeln zur Ideengewinnung

1. Kämpfen Sie um Ihre Gedankenfreiheit. Unterwerfen Sie sich nicht dem herrschenden Paradigma.
2. Zweifeln Sie das an, was von fast allen anderen als normal, selbstverständlich und richtig betrachtet wird.
3. Überprüfen Sie die Sinnhaftigkeit der Grundsätze und Überzeugungen, von denen Sie sich leiten lassen.
4. Bewerten Sie das, was Sie tun und wie Sie es tun.
5. Ermitteln Sie Ihre persönlichen Risikofaktoren. Was machen Sie immer wieder falsch? Wo könnte bei dem, was Sie tun oder tun wollen, ein zentraler Denkfehler existieren?
6. Stellen Sie fest, was bei Ihnen positiv ist und was Sie deshalb verstärken sollten.

7. Was würden Sie anders machen, wenn Sie die Chance hätten, noch einmal zu starten? Was genauso? Worauf würden Sie sich besonders konzentrieren?
8. Vielleicht sind Sie auf manchen Gebieten zu großzügig und auf anderen zu kleinlich. Was sollten Sie hier ändern?
9. Not macht erfinderisch. Also simulieren Sie Knappheit. Was würden Sie bei finanzieller, zeitlicher, räumlicher Knappheit anders machen als bisher?
10. Wo liegen Ihre größten Engpässe? Was sollten Sie tun, um diese Engpässe zu sprengen?
11. Denken Sie alles vom Ende her durch. Auch vom Ende einzelner Zeiträume. In welcher Lage werden Sie in fünf Jahren sein und in welcher werden Sie sein wollen?
12. Lernen Sie aus dem, was Sie am einzelnen Tag erlebt und getan haben. Halten Sie das Positive des einzelnen Tages fest. Benutzen Sie den erlebten Ärger als Ideenauslöser für die Zukunft.
13. Analysieren Sie Ihre persönlichen Gespräche und Telefonate.
14. Lassen Sie sich von Kunden und deren Kunden beraten. Stellen Sie in Gesprächen mehr Fragen und hören Sie intensiver zu.
15. Besuchen Sie Unternehmen anderer Branchen. Lesen Sie ausländische Zeitungen und Zeitschriften.
16. Lassen Sie keinen guten Einfall verloren gehen. Halten Sie ihn fest. Entwickeln Sie ein System, um Ihre Ideen geordnet zu speichern und bequem wiederzufinden.
17. Gehen Sie endlich daran, die Idee zu verwirklichen, die Sie bereits dann in gute Stimmung versetzt, wenn Sie nur an sie denken. Sie ist es wert, Ihnen endlich in der Praxis zu demonstrieren, was sie alles tun kann, um Ihr Leben zu bereichern.

Ideenansatz:

Das Gegenteil ist richtig!

- Das Dessert ist der Hauptgang.
- Die Nebensache ist die Hauptsache.
- Die Nebenwirkung ist die Hauptwirkung.
- Das Gewöhnliche ist das Außergewöhnliche.
- Die Form ist der Inhalt.
- Das Ende ist der Anfang.
- Erreichte Ziele sind Startlöcher.
- Probleme sind verkleidete Chancen.

Der Ideenreiche:

Begeistert von dem,
was er für sich
und andere tun kann.

Der Ideenlose:

Entrüstet über das,
was andere noch nicht
für ihn getan haben.

Setzen Sie neue Prioritäten.

Was jetzt
an letzter Stelle steht,
gehört vielleicht
auf Platz 1.

Entdecken Sie das Besondere im Normalen.

Das Verblüffende im Vertrauten.
Das Neue im Alten.
Das Wertvolle im Wertlosen.

Äußern Sie eine Idee nicht zu früh.

Sie ist noch klein und verletzbar.
Geben Sie ihr die Chance,
zu wachsen und stabil zu werden.
Nur so kann sie überleben
und sich zu einer Innovation
entwickeln.

Wer nicht zugreift, bekommt nichts auf die Finger.

Aber auch nichts
in die Hand.

Erfolgsformel 6

Veränderungskraft

Die Fähigkeit, Verbesserungen schnell und entschlossen einzuführen.

„Irgendwann werden wir …“

So beginnen heute die meisten Märchen. Das mit dem „Es war einmal“ war einmal.

Werden Sie es wirklich?

- Sind Sie sicher?
- Wie lange reden Sie schon darüber?
- Wie weit sind Sie auf dem Weg dahin gekommen?
- Wann wollen Sie es geschafft haben?

Die großen Veränderungen erfolgen fast immer zu spät.

Rückblickend erkennen wir, dass unser bisheriges Leben nicht nur aus einer unermüdlichen Tätigkeit bestand, sondern auch aus einer Folge großer Unterlassungen und Verzögerungen.

Die meisten Menschen verändern ihr Leben nur unter Zwang.

Ihr Credo lautet: „Möglichst lange weiter so!“ Erst wenn ein bestimmtes Ereignis eintritt, mobilisieren sie ihre Kräfte und versuchen sich langsam den neuen Verhältnissen anzupassen.

Es fällt ihnen leicht, auf den alten Schienen zu fahren, aber schwer, eine neue Strecke zu bauen.

Ihre Heimat ist die Normalität. Sie leben in der Üblichkeit. Veränderungen betrachten sie als Zumutung und Ausnahmeerscheinung.

Der unternehmerische Mensch kommt den Ereignissen zuvor.

Er ist bereits da, wenn sie eintreffen. Er handelt nicht als zum Reagieren Gezwungener, sondern als Anführer des Empfangskomitees.

Bessere Lösungen wählt er nicht nur, weil sie nötig werden.

- Er ergreift sie, weil sie existieren.
- Ihn begeistern Innovationen.
- Er ist ständig auf dem Sprung auf eine höhere Ebene der Erfolgsfähigkeit.

Er besitzt eine neue Form der Professionalität.

Die „Professionalität im Umgang mit Veränderungen.“ Ihm ist klar, dass im Zeitalter der Unbeständigkeit die Fähigkeit, mit dem Bestehenden fertig zu werden, nicht mehr ausreicht.

Die Botschaft an Sie:

Werden Sie entschlossen zum „Veränderungsexperten“ – und damit gleichzeitig zum „Verbesserungsenthusiasten.“

Gehen Sie täglich einige „Verbesserungsschritte“.

Leisten Sie nicht nur die anfallende Tagesarbeit, sondern leiten Sie aus ihr gleichzeitig auch Verbesserungen ab. Sorgen Sie dafür, dass Sie gleiche oder ähnliche Arbeiten zukünftig einfacher, bequemer, schneller, wirtschaftlicher und sicherer leisten können.

Was haben Sie heute verbessert?

Halten Sie es abends schriftlich fest. Eine gut geleistete Arbeit motiviert, eine erfolgreich eingeführte Verbesserung motiviert noch mehr.

Machen Sie „Verbesserungssprünge".

Verbesserungsschritte helfen Ihnen dabei, die „Arbeit richtig" zu machen. Verbesserungssprünge bringen Sie dazu, die „richtige Arbeit" zu machen. Mit „Verbesserungsschritten" werden Sie besser. Nach „Verbesserungssprüngen" geht es Ihnen besser. Verbesserungssprünge sind die grundsätzlichen, strategischen Veränderungen. Mit ihnen schaffen Sie sich neue Rahmenbedingungen.

Welche großen Veränderungen streben Sie in Ihrem Leben an?

Welcher idealen Lage wollen Sie sich nähern? Fragen Sie sich, was Sie „wirklich" erreichen wollen! Hören Sie in sich hinein. Seien Sie selbstkritisch und ehrlich zu sich. Wenn Sie sicher sind, dass Sie ein bestimmtes großes Ziel unter allen Umständen erreichen wollen, dann legen Sie schriftlich Ihre Teilziele fest. Erarbeiten Sie einen Stufenplan und gehen Sie ohne Verzögerung auf das erste Stufenziel zu.

Stärken Sie sich für den weiteren Vormarsch.

Erinnern Sie sich an das, was Sie vollbracht haben, an die Zeitabschnitte in Ihrem Leben, in denen Sie besonders initiativ, aktiv und veränderungsfähig waren. Versetzen Sie sich zurück in diese Zeiten. Werden Sie wieder so, wie Sie es einmal waren. Gewinnen Sie die damalige Motivation und Kraft zurück. Wo stünden Sie jetzt, wenn es bei Ihnen diese besonderen Zeiten nicht gegeben hätte – und wenn Sie damals nicht so kraftvoll und entschlossen gehandelt hätten und so weit vorangekommen wären?

In manchen Jahren fiel es Ihnen schwerer, etwas zu verändern.

Woran lag das? Vielleicht werden Sie antworten:

- Ich war damals ständig an der Grenze meiner zeitlichen und kräftemäßigen Möglichkeiten.
- Ich hatte genügend Belastungen und wollte mir keine neuen aufladen.
- Ich habe mich damals zu wenig mit neuen Lösungen beschäftigt.
- Die notwendigen Informationen über sie habe ich mir zu spät verschafft.
- Die Schwierigkeiten der Umsetzung habe ich mir gegenüber weit übertrieben, wie ich später feststellen musste.

Ein Bremsfaktor war jedoch der wichtigste von allen:

„Ich scheute mich vor dem Widerstand und der Kritik, der durch die Veränderung Betroffenen. Ich wollte eine Konfrontation vermeiden. Es fehlten mir dafür der Mut, die Kraft, vielleicht aber auch die Gelassenheit."

Lassen Sie Bremsfaktoren dieser Art nicht mehr auf sich wirken.

Verändern Sie von jetzt an schneller und entschlossener. Sichern Sie sich die Vorteile neuer Lösungen früher. Schaffen Sie endlich die besseren Bedingungen, die Sie für „Ihr Leben" brauchen. Verwandeln Sie Ihre Ideen in Taten und rufen Sie sich enthusiastisch zu:

„Farewell Routine Circus!" „Welcome Innovation Avenue!"

Heute verbessert

einfacher, bequemer, schneller, wirtschaftlicher, sicherer, geordneter, verständlicher, freundlicher

1.

2.

3.

4.

Sie haben jeden Tag zwei Aufgaben

- die Arbeiten des Tages
- die Einführung von Verbesserungen für kommende Tage

Schenken Sie der 2. Aufgabe mehr Zeit.

Ändern Sie

Ihre Einstellung.
Ihre Positionierung.
Ihre Lebensführung.

Ihre Ziele.
Ihre Strategie.
Ihre Zeitverwendung.

Ihre Arbeitsweise.
Ihre Methoden.
Ihre Werkzeuge.

Veränderungen – Verbesserungen

5 die mir
am meisten bringen:

____

____

____

____

____

Veränderungen

Der Weg zu neuen Ufern
ist beschwerlich.
Erst führt er über Steine,
dann kommt eine steile Wand.

Viele scheuen diese Mühe.
Sie bleiben an den Status quo gebannt.

Erfolgsformel 7

Bringen Sie Menschen in Bewegung!

Helfen Sie ihnen, etwas zu wagen.

Das Wesen der heutigen Zeit ist nicht die Sesshaftigkeit, sondern der Aufbruch.
Für den Erfolg zählt nicht mehr, wie fest man im Sessel sitzt, sondern wie schnell man sich aus dem Sessel erhebt. Es zählt weniger das, was Sie früher geleistet haben, und mehr das, was Sie jetzt zu leisten vermögen.

Viele sind gedanklich zu sehr mit dem Bisherigen verbunden.
Sie versuchen, ein Anrecht auf Erfolg in der heutigen Zeit aus dem abzuleiten, was sie früher so beeindruckend und erfolgreich geleistet haben:
„Wie haben wir uns angestrengt und bemüht. Wie stark fühlten wir uns unserem Unternehmen verbunden. Was waren wir für ein kollegiales Team, und wie stolz waren wir auf unsere Leistungen!"

Und jetzt soll sich alles ändern?
Waren die Anstrengungen umsonst? Werden sie nicht mehr gewürdigt? Liefern die erbrachten Leistungen keine Sicherheitsgarantie

mehr für die Zukunft? Ist das jetzt so, als wäre vor dem Heute überhaupt nichts gewesen?

Vollbrachte Leistungen sind bewunderungswürdig.

Jeder gesittete Mensch weiß, dass sie der Anerkennung wert sind. Erhalten Sie sich also die Freude über das, was Sie vollbracht haben, und die gewonnene Erfahrung und Erfolgsfähigkeit.
Fragen Sie sich bei Veränderungen nicht nur, welche Schwierigkeiten und Probleme sie bringen, sondern vor allem: „Bin ich fähig, die neuen Herausforderungen zu erfüllen?“ Die meisten werden antworten: „Ja, natürlich!“ Das ist eine Antwort, die Sie erfreuen sollte!

Früher wirkten erbrachte Leistungen weit in die Zukunft hinein.

Sie sicherten uns langfristig ab, lieferten uns stabile Verhältnisse und bescherten uns damit innere Ruhe. Wir wussten, woran wir waren und was wir zu erwarten hatten. Damit ist es vorbei.

Heute leben wir in einer Welt, in der wir ständig neu zu starten haben.

Verschwunden sind Beständigkeit und Muße. Leistungen der Vergangenheit werden dem Gegenwartskonto nicht mehr gutgeschrieben. Tore, die wir vor einem Jahr geschossen haben, werden beim jetzigen Spiel nicht gezählt. „Immer, wenn ich denke, jetzt kommt die Zeit der Ernte, geben sie meinen Acker einem anderen!“
Ständig höre ich: „Sisyphus, es geht wieder los!“

Viele finden das Leben unter diesen Bedingungen bedrohlich, unfair und ungerecht.

Lassen Sie sich von diesem Gefühl nicht überwältigen und lähmen. Gerechtigkeit und Fairness können wir nur „liefern“. Sie zu bekommen, ist schwer. Es bringt nichts, die Wirklichkeit aufzufordern, anders zu sein, als sie es ist.

Viele fordern eine Garantie für den Erhalt des Erworbenen:

- Einkommensquellen
- Einkommen
- Besitz
- Position
- Titel
- Kompetenzen
- Einfluss
- Kontakte
- Informationszugang
- Ansehen
- Entwicklungschancen

Wer wünscht sich das nicht?

Wer möchte nicht auch zukünftig von dem profitieren, was er in der Vergangenheit geleistet hat? Wer möchte es nicht irgendwann einmal leichter haben als bisher?

Viele Menschen erleiden bei Eintritt großer Veränderungen einen Schock.

Sie werden unfähig, vernünftig zu denken und zu handeln. Sie brauchen Mitgefühl, Zuwendung und Hilfe. Übernehmen Sie es, ihnen diese zu geben.

Werden Sie für andere zum Fels in der Brandung.

Zeigen Sie, dass es möglich ist, das Neue und Bedrohliche unerschrocken und unverwirrt zur Kenntnis zu nehmen, sich auf die neue Lage einzustellen, sie zu bewältigen und gemeinsam mit anderen in ihr erfolgreich zu sein.

Befreien Sie die Menschen vom Veränderungs-Schock.

Beschließen Sie, als Stabilisator zu wirken – ohne Auftrag und ohne Befugnis. Tun Sie es, weil Sie entschieden haben, dass es nötig ist, dass Sie es können und dass es „sich gehört“. Befreien Sie andere von Panik, Furcht, Aufgeregtheit, Lähmung, Hoffnungslosigkeit, Enttäuschung und Ressentiments. Nehmen Sie Vorurteile und ersetzen Sie falsche Informationen durch die richtigen.

Stellen Sie die neu entstandene Situation klar und verständlich dar.

Nennen Sie die Chancen, die sie bietet. Erläutern Sie, was mit den vorhandenen Erfahrungen und Fähigkeiten machbar und erreichbar ist.

Sie wissen, wie Menschen auf Veränderungen reagieren.

Nur wenige nehmen gravierende Veränderungen gelassen hin und stellen sich schnell, enthusiastisch und offensiv auf sie ein.

Viele entwickeln Ressentiments.

Sie fühlen sich verraten. Sie werden von Ängsten und Besorgnissen überfallen. Manche werden kopflos und hysterisch. Das gilt häufig auch für hochintelligente und fachlich kompetente Persönlichkeiten. Betrifft eine größere Veränderung nicht mehr die Sache, sondern sie selbst, verlieren sie die Fassung. Fachlich mögen sie souverän sein, emotional stabil sind sie nicht. Es gilt also die Erkenntnis: „Hohe Intelligenz und emotionale Stabilität sind nicht immer verknüpft."

Die große Gefahrenquelle für jedes Team sind die mobilen Verrücktmacher:

entschlossene und redegewandte Herolde der Hoffnungslosigkeit und begnadete Maler der Apokalypse. Manche Unternehmen leisten sich ihren eigenen Hieronymus Bosch.

Erregt und verbissen teilen sie den anderen mit, dass alles vorbei ist.

Viele glauben ihnen das, resignieren und können einige Monate später nicht fassen, dass die Prediger der Hoffnungslosigkeit jetzt eine so elegante Lösung für sich selbst gefunden haben. Dabei ist die Erklärung einfach: „Wer alle anderen lähmt, bleibt als Einziger beweglich."

Wir brauchen Stabilisatoren, und viele existieren bereits.

Ohne sie gäbe es das moderne Leben nicht. 2,3 Millionen Nennungen werden im Internet für den Begriff „Stabilisator" geliefert.

Fast alle diese Stabilisatoren sind technischer Natur.

Viele befinden sich in unseren Kraftfahrzeugen. Sie sorgen dafür, dass wir beim zu schnellen Fahren nicht aus der Kurve fliegen.
Aber in den 2,3 Millionen Nennungen sind immerhin vier „menschliche Stabilisatoren" enthalten. Einer von diesen ist ein angesehener Politiker eines Nachbarlandes, der andere ein robuster, niedersächsischer Mittelfeldspieler.

Fazit: Wir brauchen „menschliche Stabilisatoren".

Jeder von uns, der mit anderen zusammenkommt und zusammenarbeitet, hat die Pflicht, erträgliche Verhältnisse zu schaffen, und nicht nur zu fordern. Jeder von uns hat die Macht, auf andere zuzugehen, sie von Besorgnissen und Befürchtungen zu befreien, ihnen Herzlichkeit zu schenken und sie zu stabilisieren. Mehr von uns sollten das tun.

Wer andere stärkt, wird selbst stärker.

1. Fragen Sie die Menschen nach ihren Befürchtungen und Wünschen.
2. Informieren Sie sie über die Lage, die Ziele, die Chancen und das Vorgehen.
3. Sagen Sie ihnen, dass Sie sie mögen.
4. Schenken Sie ihnen Herzlichkeit.
5. Bringen Sie Fröhlichkeit in den Umgang hinein.
6. Bedanken Sie sich für die geleistete Arbeit.
7. Zeigen Sie ihnen, was sie zu leisten vermögen.
8. Begeistern Sie sie für das, was sie erreichen und gewinnen können.

Sie sind fähig,
jeden Weg zu gehen,

wenn Sie sich
nicht im Wege stehen.

Wer alle anderen lähmt,

bleibt als Einziger
beweglich.

Leute,

wollt Ihr
ewig lähmen?

Herzlichkeit

stabilisiert
am stärksten.

Teil II

Gewinnen Sie die Zuneigung Ihrer Kunden

Erfolgsformel 8

Professionalität im Verkaufsgespräch

Verkäufer, die für ihre Kunden zum Glücksgriff werden. Was Kunden an ihnen schätzen.

Alles, was von einem Unternehmen geleistet wird, um ein Produkt oder eine Dienstleistung auf den Markt zu bringen, ist so lange Anlauf, Vorbereitung und Aufmarsch, bis es dem Verkäufer gelungen ist, sie zu verkaufen. Er verwandelt Hoffnungen und Erwartungen in wirtschaftliche Ergebnisse. Mit seiner Tätigkeit beginnt die Stunde der Wahrheit.

Verkaufen ist eine Führungsaufgabe.

Das wird nur deshalb nicht erkannt, weil einem Verkäufer im Gegensatz zu anderen Führungskräften die Befehlsgewalt fehlt. Er kann seinen Gesprächspartnern keine Anweisungen erteilen. Er kann sie nicht zwingen, etwas Bestimmtes zu tun. Er kann nicht wirken aufgrund verliehener Autorität, sondern nur mit dem, was er ist, und dem, was er kann.

Er muss seine Ziele erreichen, ohne Zwang und Druck ausüben zu können. Im Gegenteil – seine Kernaufgabe besteht darin, andere von Druck und Problemen zu befreien.

Ihm stehen zur Verfügung:

- seine Persönlichkeit
- sein Auftreten
- das Wissen um die Situation seines Gesprächspartners
- das Wissen um die Lösungen, die er anbietet
- sein Kommunikationstalent
- die Fähigkeit, das Unterstützungspotenzial seines Hauses zu nutzen

Der wichtigste Indikator für die Güte seines Angebotes ist der Verkäufer selbst.

Er verkörpert sein Angebot. Wenn er dieses nur als informierender Mittler dem Kunden nahezubringen versucht, ist die Einheit von Angebot und Verkäufer nicht mehr gegeben.

Selbst die beste Beratung führt nicht automatisch zum Verkaufserfolg.

Manche wirklich hervorragenden Berater sind nicht gleichzeitig auch gute Verkäufer. In ihrer Rolle als Berater sind sie ungehemmt, wenn es darum geht, Wissen zu vermitteln, Informationen zu liefern und Fragen zu beantworten. Verglichen dazu herrscht bei manchen von ihnen die ausgeprägte Scheu, einen Kunden entschlossen aufzufordern, etwas Bestimmtes zu tun. Sie bleiben auf der Ebene der informierenden Bemühtheit und wagen es nicht, den Sprung auf die Ebene der Führung zu machen.

Der Kunde erwartet diese Führung.

Er möchte eine kraftvolle Persönlichkeit, die ihn mit Urteilsvermögen und Entscheidungskraft versorgt.

Prüfen Sie, welchen Wert Sie für den jeweiligen Kunden haben.

- Welches Vertrauen hat er zu Ihnen?
- Auf welchen Gebieten hält er Sie für kompetent?

- Welche Kenntnisse und welches Urteilsvermögen setzt er bei Ihnen voraus?
- Für wie wertvoll hält er den bestehenden Kontakt zu Ihnen?

Die Qualitäts-Leitlinie für Ihre Gesprächsführung:

Wie Sie ein Gespräch führen sollten, erkennen Sie, wenn Sie die angestrebten Dankformulierungen eines zufriedenen Kunden als Leitlinie benutzen:

- Sie haben meine Lage und das, worauf es mir ankommt, genau erfasst.
- Noch nie war mir die Bedeutung und Größenordnung dieses Themas so klar wie nach unserem Gespräch.
- Sie haben mir hervorragend demonstriert, auf welche Faktoren es bei diesem Thema ankommt.
- Ich verstehe die Vor- und Nachteile einzelner Lösungen jetzt sehr genau.
- Sie sind der Erste, der es geschafft hat, diesen komplexen Sachverhalt für mich völlig verständlich zu machen.
- Jahrelang habe ich mich mit diesem Thema beschäftigt. Nie bin ich zu einem Ergebnis gekommen. Jetzt habe ich, dank Ihnen, das Thema endlich vom Tisch.

Beginnen Sie mit den Themen des Kunden.

Erst wenn Sie seine Probleme und Ziele erfasst haben, können Sie mit den passenden Problemlösungen kommen. Stellen Sie sich seine Fragen und nennen Sie ihm die Fragen, die er sich stellen sollte.

Planen Sie mit ihm gemeinsam den Verlauf des Gespräches.

- Einigen Sie sich auf die Punkte, die Sie besprechen wollen,
- auf die Reihenfolge, in der das geschehen soll,
- auf die Zeit, die Sie sich hierfür nehmen wollen.
- Setzen Sie sich ein Ziel, das Sie mit diesem Gespräch erreichen wollen.

Sprechen Sie ruhig und konzentriert.

Sprechen Sie gelassen und eindrücklich und halten Sie Augenkontakt.

Lassen Sie den Kunden zwei Drittel der Zeit sprechen.

Bringen Sie nicht nur Aussagen. Steuern Sie das Gespräch mit Fragen. Stellen Sie häufiger Fragen, um zu erfassen, was der Kunde denkt, was er meint, was er will und was er nicht will.

Der Kunde möchte das Gespräch mit Ihnen genießen.

Wenn er selbst zu wenig zu Wort kommt, fühlt er sich belastet und unwohl. Zu langes Zuhören strengt ihn an. Was er selbst erzählen darf, entspannt und motiviert ihn.

Hören Sie aktiv zu.

- Fallen Sie dem anderen nicht ins Wort.
- Lassen Sie ihm das Recht, eine Pause zu machen und dann weitersprechen zu dürfen.
- Benutzen Sie also nicht jede Pause des anderen, um sofort selbst das Gespräch zu übernehmen.

Aufmerksames Zuhören verbessert Ihren Gesprächspartner.

Es macht ihn

- entspannt,
- hoffnungsvoll,
- denkfähig,
- ausdrucksfähig,
- konzentriert,
- freundlich.

Das liegt daran, dass er nicht mehr um Ihre Aufmerksamkeit kämpfen muss. Er kann sich ganz und gar auf die Botschaft konzentrieren, die er Ihnen liefern möchte. Unterbrechen Sie niemanden, der sich positiv über Ihren Standpunkt oder Ihren Vorschlag äußert. Überlassen Sie es ihm, Ihr Anliegen zu begründen und zu verkaufen.

Bringen Sie das, was der Kunde braucht und was für ihn relevant ist.

Befreien Sie Ihr Gespräch von Ballast. Betreiben Sie keine Wortmacherei. Halten Sie die Geschwätzkosten so gering wie möglich. Liefern Sie Ihre Botschaft kurz, treffend und liebenswürdig. Lassen Sie Ihren Partner bereits beim Beginn Ihrer Äußerung erkennen, in welche Richtung Ihre Antwort geht.

Werden Sie zum Experten für die radikale Vereinfachung.

Machen Sie Ihren Gesprächspartner nicht konfus. Erschlagen Sie ihn nicht mit dem Volumen Ihrer Informationen. Werden Sie konkret und speziell. Übertreiben Sie nicht. Reden Sie nicht in Superlativen.

Springen Sie nicht von einem Thema zum anderen.

Bringen Sie Ordnung in Ihr Gespräch. Bleiben Sie diszipliniert bei einem Thema. Führen Sie es zu Ende. Halten Sie sich an die Regel: Eines nach dem anderen.

Machen Sie Zwischenzusammenfassungen.

Zeigen Sie mit diesen auf, was Sie bereits geklärt haben, wie weit Sie gekommen sind und welche Punkte noch besprochen werden sollten.

Wie gefällt Ihnen das Wort „Argument"?

Wollen Sie dieses Wort auch in Zukunft verwenden? Finden Sie, dass es ein besonders zündender Begriff ist? Der Kunde möchte „Begründungen" und „Beweise". Diese Wörter treffen das, was er will. Sie wirken Vertrauen erweckend und positiv.

Betrachten Sie Einwände als Fragen und Forderungen.

Reagieren Sie auf Einwände gelöst. Hören Sie sich einen Einwand in Ruhe an und wiederholen Sie ihn. Demonstrieren Sie damit, dass Sie sehr genau zugehört haben und auf den gebrachten Punkt eingehen möchten. Stellen Sie erst eine Gegenfrage, bevor Sie mit Ihrer Antwort starten. Lassen Sie sich also vorher vom Kunden sagen, was er genau gemeint hat und warum er diesem Punkt eine solche Bedeutung beimisst.

Hüten Sie sich vor der „Ja, aber“-Methode.

Ihre Botschaft lautet im Kern:
„Genau – das, was Sie völlig richtig sagen, ist definitiv falsch!“

Wählen Sie die „Ja, und“-Methode.

Sie ist die Judo-Methode im Verkauf. Mit ihr werfen Sie sich nicht der abwehrenden Kraft des Kunden entgegen, sondern lenken diese Kraft in eine Richtung, die für Sie günstig ist. Mit ihr können Sie antworten: „Ja, und das ist ein besonders wichtiger Punkt, auf den wir achten müssen, und gerade deshalb ist es auch nötig, dass wir das und das tun.“

Gehen Sie nicht davon aus, dass der Kunde alles weiß, was er aus Ihrer Sicht wissen müsste.

Er weiß es nicht. Also fangen Sie im Zweifel bei Null an. Es gibt Kunden, die zustimmend nicken, obwohl sie gar nichts begriffen haben.

Machen Sie den Kunden zum Könner.

Nach dem Gespräch mit Ihnen sollte er in der Lage sein, selbst eine professionelle Präsentation über das halten zu können, was Sie ihm vermittelt haben.

Achten Sie auf die Empfindlichkeit und das Geltungsbedürfnis aller Anwesenden.

Vernachlässigen Sie niemanden, der am Gespräch teilnimmt. Bemühen Sie sich besonders um die, bei denen Sie geneigt sind, sie als weniger wichtig zu empfinden.

Verschaffen Sie sich die Namen von allen Gesprächspartnern.

Verwenden Sie die Namen sofort und häufig. Schreiben Sie sich die Namen auf.

Gehen Sie respektvoll mit der Zeit des Kunden um.

Je weniger Zeit er benötigt, um Sie zu verstehen, umso besser. Der Kunde, der immer wieder einen Anlauf nehmen muss, um das geliefert zu bekommen, was er wissen will, verliert den Spaß am Gespräch.

Die Form ist der Inhalt.

Es gibt eine Verhandlungs-Ästhetik. Zu ihr gehören das Auftreten, die Kleidung, die Gestik und Mimik, die Stimme, die Ausdrucksweise und der Sprachschatz. Stil macht berechenbar und liefert dem anderen ein Sicherheitsgefühl.

Werden Sie für Ihren Kunden zum universellen Lösungsexperten.

Neben den Problemen und Fragen, die der Kunde auf dem Gebiet hat, für das Sie zuständig sind, hat er andere. Sie stehen auf seiner Rangliste weit oben. Für die Hilfe bei der Lösung dieser für ihn so bedeutsamen Probleme sucht er händeringend eine kreative und kompetente Persönlichkeit. Werden Sie diese Persönlichkeit für ihn.
Entwickeln Sie sich deshalb auch zum Lösungslieferanten auf den Feldern, mit denen Sie fachlich eigentlich nichts zu tun haben. Blicken und gehen Sie über die Grenzen Ihres Fachgebietes hinaus.
Folgen Sie der Erkenntnis des Chemikers und Nobelpreisträgers Otto Hahn: „Ein nur guter Chemiker ist kein guter Chemiker."
Sagen Sie nicht mehr: „Das ist nicht mein Gebiet. Dafür bin ich nicht zuständig!" Versuchen Sie, dafür zuständig zu werden.

Entwickeln Sie Ihren Quellenerschließungstrieb.

Werden Sie zum Profi der Informationsbeschaffung. Ganz gleich, um welche Themen es sich handelt. Ihre Gesprächspartner sollten eines wissen: Es lohnt sich immer, sich an Sie zu wenden.

Der Übermütige

Haben Sie nicht noch
einen Einwand?
Ich hätte hier nämlich noch
ein Argument.

Gesprächsdisziplin

Springen Sie nicht
von einem Thema zum anderen.

Beenden Sie das Thema.
Beginnen Sie erst dann
mit dem nächsten Punkt.

Fassen Sie das Besprochene
zusammen.
Zeigen Sie, wo Sie sind
und wohin es nun geht.

Kundenkenntnis

**Die meisten Kunden
haben keine Vorstellung von dem,
was Sie für sie tun könnten.**

Wie können Sie es besser sagen?

- einfacher
- spezieller
- anschaulicher
- freundlicher
- fröhlicher
- mit einem Vergleich
- mit einem Beispiel
- mit einer Zahl

Erfolgsformel 9

Die professionelle Ausrüstung für das Verkaufsgespräch

Der kurze Weg zur Kaufentscheidung. Werkzeuge für die Gewinnung von Aufträgen.

Unbeirrt und unverwirrt.

Liefern Sie dem Kunden den Antrieb und die Orientierung, die er braucht, um sich entschlossen und ungehemmt auf eine Kaufentscheidung zu zu bewegen.

Machen Sie es ihm leicht, voranzukommen.

Führen Sie ein inspirierendes und entspannendes Gespräch, das ihn bewegt und darin bestärkt, möglichst schnell voranzukommen.

Lassen Sie den Kunden handeln.

Bringen Sie ihn zum Reden. Lassen Sie ihn etwas ansehen. Lassen Sie ihn immer wieder Zwischen-Urteile und Zwischen-Entscheidungen treffen. Er muss in Bewegung bleiben, hin auf ein Ergebnis.

Nichts bewegt sich, wenn er dasitzt wie der steinerne Gast.

Je mehr Sie selbst als Sender arbeiten und der Kunde als Empfänger oder etwas, was so tut, als sei es ein Empfänger, umso geringer werden Ihre Erfolgschancen.

Verwirren und belasten Sie den Kunden nicht.

Von einem bestimmten Informationsvolumen an und einer zu großen Intensität der Einwirkung auf ihn wird der Kunde bewegungs- und entscheidungsunfähig.

Betrachten Sie den Kunden als den Partner, der den entscheidenden Beitrag in Ihrem Gespräch zu liefern hat.

Er muss mindestens so aktiv tätig werden wie Sie. Sie sind für die Steuerung des Gespräches da. Sie haben die Richtung des Gespräches zu beeinflussen. Sie müssen dafür sorgen, dass der Kunde sich nicht auf Seitenwegen verliert und gedanklich in Sackgassen landet. Sie sind dafür zuständig, dass die Fortbewegung auf der Hauptstraße passiert. Alles das können Sie nicht allein mit dem gesprochenen Wort erreichen.

Sie brauchen Werkzeuge.

Im Verkauf geht es nicht darum, den Kunden mit einer Informationsfülle zu beeindrucken, sondern ihn mit Hilfe eines Stufenplanes Stufe für Stufe an die Entscheidung heranzuführen.

Informationsüberfülle.

Jeder erfahrene Verkäufer weiß, wie gefährlich es ist, einen Kunden mit einem zu großen Volumen von Informationen einzudecken. Anhäufung bringt nichts. Anordnung bringt viel.
Von einer bestimmten Informationsfülle an ist der Kunde nicht mehr beeindruckt, sondern nur noch bedrückt. Er fühlt sich unter einer Lawine von Informationen begraben. Ihm ist kalt, er kriegt keine Luft mehr.

Er hat nur noch ein Ziel: „Flucht und Rettung".

Seine Reaktion ist: „Es reicht. Jetzt begreife ich gar nichts mehr. Mir wird das alles zu viel. Je mehr ich höre, umso komplexer und komplizierter wird das alles für mich."

Wann dieser Zustand beim Kunden eingetreten ist, lässt sich leicht erkennen.

Der Kunde wird auf einmal außergewöhnlich freundlich und zuvorkommend. Er möchte die Verabschiedung so nett wie möglich gestalten.

Kommunikations-Werkzeuge.

Viele Verkäufer benutzen Werbemittel als Werkzeuge für ihr Beratungs- und Verkaufsgespräch. Werbemittel sind dafür nur selten geeignet. Sie dienen einem anderen Zweck. Sie enthalten meist zu viel Stoff. Häufig gehören sie zur Familie des „Kleingedruckten".
Um ihre Wirkung in einem Verkaufsgespräch entfalten zu können, müsste der Kunde sich mit ihnen 30 Minuten zurückziehen und sie konzentriert studieren. Wann geht das schon?

Verkaufswerkzeuge sind Wesen einer anderen Art.

Sie informieren nicht grundsätzlich. Sie häufen nicht eine Fülle von Informationen an. Sie sind keine Monologe, sondern Instrumente zur Gestaltung zum Ziel führender Dialoge.
Sie stehen bereit, an oder auf den Stufen des Verkaufsstufenplanes und helfen dabei, die einzelnen Stufen-Hürden und -Hindernisse zu nehmen. Sie sind Produktionsmittel für das Vorankommen. Sie wirken nicht ermüdend und belastend, sondern vitalisierend und befreiend. Sie bringen Antrieb in das Gespräch, machen das Begreifen leicht und erhöhen die Urteilsfähigkeit.

Eine professionelle Verkaufsausrüstung liefert Ihnen als Verkäufer viele Vorteile.

- Sie können die Aufmerksamkeit und das Interesse Ihres Partners leichter wecken, erhalten – und nach einer Ablenkung zurückgewinnen. *(„Darf ich Ihnen dazu einmal etwas zeigen?")*
- Sie können den Verlauf des Gespräches steuern und kraftvoll agieren. Sie sind nicht mehr auf der Reagierer-Seite.

- Sie kommen zu einer folgerichtigen Ordnung und einem schrittweisen Vorgehen auf der Basis eines Stufenplanes.
- Ihr Gespräch wird straffer. Unwichtiges und Irrelevantes taucht weniger häufig auf.
- Sie können leichter feststellen, womit sich Ihr Gesprächspartner gedanklich beschäftigt und welche Informationen er benötigt.
- Sie können ihm diese Informationen liefern, ohne ihn zu überfordern.
- Alles, was Sie für das Gespräch benötigen, haben Sie bequem verfügbar. Sie vergessen keine wichtigen Punkte.
- Fragen, geäußerte Besorgnisse und Befürchtungen können Sie freundlicher, leichter und beweiskräftig beantworten.
- Sie können Ihren Gesprächspartner viel aktiver am Gespräch teilnehmen lassen.
- Sie können bestimmte Punkte Ihrer Argumentation besonders dramatisch und verblüffend darstellen.
- Ihre Aussagen bleiben stärker im Gedächtnis Ihres Partners haften. Sie wirken professionell, gründlich vorbereitet, fleißig und bemüht.

Der Entscheidungsprozess eines Kunden verläuft stufenweise. Leider bewegt sich der Kunde meist nicht diszipliniert von einer Stufe zur anderen. Er springt hin und her. Mal ist er auf der Stufe 3, dann springt er wieder auf die Stufe 2.

Mit Worten ist es fast unmöglich, die meisten Kunden zu einer disziplinierten Gesprächsführung zu bringen. Mit Werkzeugen ist es das sehr wohl. Wenn Sie dem Kunden etwas zeigen, ihn damit etwas ansehen und prüfen lassen, bringen Sie ihn sehr leicht wieder zu der Stelle des Gespräches, an der Sie ihn haben möchten.

Studieren Sie also die typischen Stufen eines Gespräches und arbeiten Sie für jede Stufe die Werkzeuge aus, die es Ihnen erlauben, einen Kunden dann an diese Gesprächsstufe zu binden.

Werkzeuge für Funktionen.

Sie brauchen nicht nur Werkzeuge für die Bewältigung einzelner Entscheidungsstufen, sondern auch Werkzeuge für die Wahrnehmung von Funktionen. Hier sind einige von ihnen:

- Die Situation des Kunden darstellen.
- Seine Ziele ermitteln.
- Seine Forderungen erfassen.
- Seine Befürchtungen ermitteln.
- Eine Lösung erarbeiten.
- Diese Lösung mit ihren Vorteilen präsentieren.
- Beweise dafür liefern.
- Die Kaufentscheidung erreichen.
- Den Vertrag abschließen.

Werkzeuge für die Präsentation Ihrer Programme.

Der Kunde möchte von Ihnen geliefert bekommen:

- Sicherheit
- wirtschaftlichen Erfolg
- Bequemlichkeit
- Schnelligkeit
- Informationen und Informiertheit
- Unterstützung und Betreuung

Sie verfügen über die entsprechenden Programme: ein Sicherheits-Programm für Ihre Kunden, ein Gewinn-Programm, ein Bequemlichkeits-Programm usw.

Jedes dieser Programme sollten Sie mit einem eigenen Kommunikations-Werkzeug präsentieren können. *(„So sieht unser Betreuungs-Programm für Sie aus!“)*

Kommunikationswerkzeug „Kundenfragen".

Hier haben Sie einen der besten Werkzeugansätze überhaupt. Sammeln Sie systematisch und kontinuierlich die Fragen, die Ihnen Kunden stellen.

Ordnen Sie diese Fragen einzelnen Entscheidungsstufen zu. Bringen Sie die Fragen in einer Checkliste unter. Fordern Sie Ihre Kunden auf, die Fragen anzustreichen, die für sie besonders wichtig sind.

So wissen Sie sehr schnell, worauf es einem Kunden ankommt, halten ihn beim Thema und können gezielt Argumente und Beweise liefern.

Entwickeln Sie Ihre Verkaufsausrüstung ständig weiter.

Sagen Sie einem Kunden, von dem Sie gerade einen Auftrag erhalten haben: „Es war ein sehr erfreuliches und sehr präzises Gespräch. Ich möchte Ihnen dafür danken. Darf ich Sie fragen, welche Punkte Sie besonders bestärkt und zu Ihrer Entscheidung beigetragen haben? Sie würden mir mit dieser Information sehr helfen."

Sagen Sie zu einem Gesprächspartner, der Ihnen „noch" keinen Auftrag erteilt hat: „Sie sagten, Sie möchten es noch einmal durchdenken. Darf ich Sie fragen, um welche Punkte es dabei im Wesentlichen geht und welche Fragen Sie sich noch stellen? Ich wäre Ihnen für diese Information sehr dankbar."

Schlussfolgerung:

Nicht nur tägliche Praxisforschung, um die „Argumentation" zu verbessern, sondern vor allem auch die „Werkzeuge".

6 Stufen – 6 Fragen

- Warum sollte ich überhaupt kaufen?
- Warum bei Ihnen?
- Warum dieses Produkt?
- Warum in dieser Größenordnung?
- Warum zu diesem Preis?
- Warum jetzt?

Mit welchen Werkzeugen
beantworten Sie diese Fragen?

____

Checklisten für Ihr Gespräch mit dem Kunden

Darf ich Sie bitten,
einmal anzukreuzen,

- was für Sie wichtig ist,
- worüber Sie mehr wissen möchten,
- was Sie besonders gut finden,
- was Sie gerne haben möchten.

Kommunikationsmittel für die Darstellung unserer Programme für unsere Kunden

- Sicherheits-Programm
- Wirtschaftlichkeits-Programm
- Bequemlichkeits-Programm
- Schnelligkeits-Programm
- Erreichbarkeits-Programm
- Verständlichkeits-Programm
- Vereinfachungs-Programm
- Informations-Programm
- Unterstützungs-Programm
- Betreuungs-Programm
- Trainings-Programm
- Service-Programm

Instrumente für die Bewegung des Kunden zur Kaufentscheidung

- Augenöffner
- Bedarfsdemonstrator
- Nutzenanzeiger
- Entkomplizierer
- Beweismittel
- Vertrauensverstärker
- Ermutiger
- Entscheidungsbeschleuniger

Erfolgsformel 10

Der Aufbau eines sprachlichen Vermögens

Kunden gewinnen mit sprachlichen Mitteln – der Sprachschatz des Überzeugungsexperten.

Zu Ihren größten Schätzen zählt Ihr Wortschatz.

Mit ihm verfügen Sie über die Wörter und Bestformulierungen, die Sie benötigen, um Menschen zu gewinnen und zu überzeugen. Wörter sind die Werkzeuge des Geistes. Nur mit den richtig gewählten können wir auch richtig denken – analysieren, entscheiden, entkomplizieren und argumentieren.

Begriffe sind die Vorboten von Taten.

Ein neues Wort wirkt wie ein Scheinwerfer. Es beleuchtet die Schätze, die bisher im Dunkeln lagen, erhöht Ihre Wahrnehmungsfähigkeit und damit Ihre Kreativität. Gewinnen Sie Wörter, dann kommen die Ideen von selbst.

Produkte und Argumente sind Überzeugungsinhalte.

Sie müssen zum Partner befördert werden. Hierfür brauchen Sie bewegende Wörter und zündende Formulierungen. Heben Sie also den systematischen und kontinuierlichen Ausbau Ihres Sprachschatzes auf eine hohe Bedeutungsebene.

Gewinnen Sie das Vertrauen Ihrer Gesprächspartner mit sprachlichen Mitteln.

Jedes Wort, das Sie benutzen, wirkt als Indikator und Beweismittel für die Qualität Ihrer Leistung, Ihre Integrität und Vertrauenswürdigkeit.

Liefern Sie Ihren Gesprächspartnern Wörter und das Wissen um Wörter.

Schenken Sie ihnen damit einen Zugewinn an Denkfähigkeit, Urteilskraft, Sicherheitsempfinden, Antrieb und Kooperationsvermögen.

Bewerten Sie Ihren Sprachschatz.

Was sind Ihre besten Begriffe und Formulierungen? Nehmen Sie sich jedes Wort vor: Ist es treffend und präzise, verständlich, Vertrauen weckend, freundlich und ästhetisch?

Welche Begriffe sind so gut, dass Ihre Partner sie sofort selbst verwenden?

Für welche Begriffe benötigen Sie eine ergänzende Erläuterung oder die Angabe der Definition? Welche sollten Sie durch bessere ersetzen? Welche Wörter und Formulierungen sollten Sie auf die Tabuliste nehmen?
Manche Wörter klingen gut, eignen sich jedoch wenig für die Einleitung eines offensiven Verhaltens: „Mahlzeit!" und „Schönes Wochenende!".
Hier sieht man, es fehlt das motivierende Wort für die ersten fünf Tage der Woche.

Wir leben im Kessel einer etablierten Begriffswelt.

Das gilt für den Einzelnen und für ganze Branchen. Die Sprache steht fest, so wird sie benutzt. Kaum einer zweifelt sie an. Ein Ausbruch aus dem Kessel wird erst möglich mit Hilfe neuer Begriffe: 1960 nahm ein Unternehmen den Begriff „Kommunikation" in den Firmen-Sprachschatz auf. In der deutschen Wirtschaftssprache existierte dieser Begriff damals nicht.

Das Unternehmen nannte seine „Vertriebsingenieure“ fortan „Kommunikationsberater“. Es bot Kommunikationsberatung an, schuf den Bedarf für eine professionelle Kommunikation und verkaufte mit größtem Erfolg die Produkte, die früher als „Nachrichtenmittel“ bezeichnet wurden.
In kürzester Zeit wurde der Begriff „Kommunikation“ zum meistgenannten Wort der deutschen Wirtschaftssprache. Heute benutzen ihn Zehntausende als Teil ihrer Berufsbezeichnung.

Beispiel „Beratungsrezept“:

Ausgehend von dem Ziel, ein *Mittel ständiger Präsenz* beim Patienten zu schaffen, wurde der Rezeptbegriff erweitert. Ein Rezept war nicht mehr nur das Transportmittel für ein Medikament, sondern jetzt auch Träger liebenswürdiger, schriftlicher Ratschläge des Arztes an den einzelnen Patienten. Im Gegensatz zum Medikamenten-Rezept verschwand es nicht mehr in der Apotheke, sondern blieb beim Patienten und wurde von diesem als Dokument der Zuneigung geschätzt und über Jahre aufbewahrt.

Beispiel „Traiteur“:

Ein namhafter Fleischwarenhersteller beschenkte die Gruppe der 4.000 deutschen Fleischereien der Spitzenklasse mit der neuen Berufsbezeichnung „Traiteur“. Er hob sie vom Titel her auf eine höhere Ebene, schuf einen „Traiteur-Club“ und lieferte die Beratung, die diese Zielgruppe speziell benötigte (Party-Service).
Mit dem geschaffenen Begriff und den damit verbundenen Dienstleistungen schuf das Unternehmen einen eng mit ihm verbundenen Kundenkreis, bei dem Gespräche über Preise und Konditionen in den Hintergrund rückten.

Beispiel „Dessertteil eines Gespräches“:

Augenöffner dafür, dass nach Ende eines offiziellen Verkaufs- oder Beratungsgespräches eine Zeitspanne der Gelöstheit kommt. Auf diese sollten Sie als Berater thematisch vorbereitet und dafür ausgerüstet sein – um ganz andere Themen zu besprechen und mit diesen eine Brücke der Herzlichkeit zum nächsten Gespräch zu schlagen. Nach der Regel: „Das Ende ist der Anfang".

Das Wort ist stärker als das Schwert.

„Wir sind das Volk!" Kaum ein Wort zeigt so beweiskräftig, welche Widerstände und Grenzen sich mit der Macht des Wortes überwinden lassen.

Friedrich Nietzsche hat es vor mehr als hundert Jahren gewusst:

„In Zukunft, also im 20. Jahrhundert, werden diejenigen in einer Gesellschaft die eigentliche Macht ausüben, die fähig sind, ihre Sprachregelung in der Gesellschaft durchzusetzen. Dann ist die Wahl der Begriffe und der Sprache kein Nebenkriegsschauplatz, sondern dann wird der Kampf um die Sprache zur entscheidenden Schlacht!"
Unterwerfen Sie sich also nicht den Begriffen, mit denen andere versuchen, die moralische Herrschaft über Sie zu gewinnen und Ihre Freiheit zu reduzieren. Ist es nicht erstaunlich, wie demütig die „Hochbesteuerten" sich mit dem eher abwertenden Begriff „Besserverdienende" etikettieren lassen, statt den erstgenannten Begriff für sich zu reklamieren?

Wer unverständlich ist, macht sich verdächtig!

Dieser Satz des Nobelpreisträgers Professor Heisenberg ist ein Wegweiser für jeden Überzeugungsexperten. Werden Sie zum Meister der Verständnisvermittlung. Prüfen Sie, ob Sie mit Ihren Wörtern und Formulierungen verstanden werden. Fügen Sie jedem fremdsprachlichen Begriff ein ergänzendes deutsches Wort hinzu.
Verzichten Sie, wo immer es geht, auf die häufig beschränkt ästhetische und missverständliche Kombination sprachlicher Elemente unterschiedlicher Herkunft: *„Herr Ober, die Suppe war cool - virtuell, volatil und virulent!"*

Verlassen Sie die Überschriftsebene.

Entwickeln Sie einen Horror vor Floskeln und Sprüchen. Verwenden Sie konsequent die Formulierung: „Ich verstehe darunter konkret und im Einzelnen Folgendes ...“

Nutzen Sie jeden Tag, um Ihr sprachliches Vermögen zu mehren.

Konzentrieren Sie sich beim Lesen von Zeitungen, Zeitschriften, Büchern nicht nur auf die inhaltlichen Aussagen, sondern auch auf die gewählten Wörter und Formulierungen.

Legen Sie in Ihrem Computer einen Ordner „Sprachschatz“ an.

Meine Wörter und Bestformulierungen.
Ergänzen Sie die Wörter um ihre Definitionen. Besonders die Wörter, deren Bedeutung jedem völlig klar zu sein scheint. Schlagen Sie in diesem Sinne einmal nach: *Qualität, Struktur, Disziplin, Prämisse, Kalkül, Szenario, Option, Menetekel, Katastrophe, Krise, Ziel, Plan, Programm, spontan ...*

- **Englische Begriffe.**
  Mit ihren Definitionen und den dazu passenden deutschen Wörtern.

- **Abkürzungen.**
  Die einzelne Abkürzung selbst und ihr kompletter Wortlaut:
  DVD = Digital Versatile Disc
  CD-ROM = Compact Disc Read Only Memory
  Ebit? PDF?

- **Ihre Zahlen.**
  Eine Liste der Zahlenarten und der einzelnen Zahlen, mit denen Sie operieren. Sammeln Sie „verblüffende Zahlen“, mit denen Sie andere besonders beeindrucken können.

- **Positive Botschaften.**
  Sie finden diese täglich in vielen Zeitungen und Zeitschriften, wenn Sie sich nicht nur von den negativen Meldungen vereinnahmen lassen.
- **Ihre Beispiele und Geschichten.**
  Sie gehören zu den größten Werten, über die professionelle Überzeugungsexperten verfügen, verbunden mit der Fähigkeit, sie meisterhaft darzubieten. Ein gutes Beispiel hat häufig mehr Überzeugungskraft als eine Addition von Argumenten.
- **Zitate.**
  Sammeln Sie Zitate von Persönlichkeiten, die von Ihren Partnern besonders geschätzt werden. Benutzen Sie diese Zitate als Elemente der Beweisführung und Vertrauensbildung.

Sprachschatz-Zuwachs

Deutsche Wörter	Englische Wörter

Formulierungen	Zahlen

Beispiele	Zitate

Sie suchen Wörter und finden Ideen.

Das ist logisch, denn Wörter
und Ideen sind Geschwister.
Sie treten paarweise auf.
Haben Sie das Wort, dann
kommt auch die Idee.

Schatzsuche

Gehen Sie auf Wörterjagd.
Verbessern Sie Ihren Sprachschatz
Tag für Tag.
Wörter haben nicht nur gut
zu klingen. Entscheidend ist,
dass sie Ergebnisse bringen.

Kommunikation ist die Absicherung des Ankommens.

Nur mit den richtigen Wörtern
lässt sich richtig denken.
Gewonnene Gedanken sind eine
wertvolle Fracht.
Nur richtig deklariert kommt sie in
gutem Zustand beim Empfänger an.

Das Erbe

In den Wörtern unserer Sprache
manifestieren sich die Klugheit
und der gedankliche Reichtum
vieler Generationen.
Gehen Sie respektvoll, behutsam,
schützend und voller Zuneigung
damit um.

Erfolgsformel 11

Lassen Sie sich von Ihren Kunden helfen.

Der Kunde, den Sie beraten haben, schätzt Sie. Der Kunde, der Sie beraten durfte, mag Sie.

Kunden sind die Quellen Ihres Erfolges – auf zweifache Weise.

Sie sind es nicht nur mit ihren Aufträgen, sondern auch mit ihren Informationen und ihrem Rat. Je mehr Sie einem Kunden die Möglichkeit bieten, Sie zu informieren und zu beraten, umso mehr mag er Sie. Er wünscht Ihnen Erfolg und wird vieles tun, um Ihnen dabei zu helfen, diesen zu erlangen.

Guter Verkäufer – besserer Verkäufer?

Aus der Sicht des Kunden ist der ein guter Verkäufer, der über sein Produkt und dessen Nutzenstiftung gut Bescheid weiß. Als besseren Verkäufer betrachtet er den, der sich bemüht, mehr über den Kunden zu wissen und zu erfahren. Nichts erfreut den Kunden so wie ein Verkäufer, der ihm fasziniert und begeistert zuhört und erkennbar versucht, etwas aus der Erfahrung, dem Wissen und dem Urteilsvermögen des Kunden zu lernen.

„Das Gespräch mit Ihnen war für mich sehr ergiebig!"

Das sagt der Kunde zu Ihnen und Sie denken sich: „Wieso eigentlich, er hat mich doch überhaupt nicht zu Wort kommen lassen!" So ist es – und das ist auch der Grund der positiven Bewertung durch den Kunden. Sie haben es ihm ermöglicht, seine Gedanken zu ordnen und das, was wichtig und bedeutsam ist, zu erfassen. Sie waren der Katalysator, ein anregender, hochinteressierter und motivierender Zuhörer.

Der Kunde musste weder um Redezeit noch um Ihre Aufmerksamkeit kämpfen.

Sie haben ihn nicht unterbrochen. Er musste nicht ständig sein Themen-Territorium verlassen und sich gedanklich zu anderen Themen bewegen. Er konnte das loswerden, was ihn besetzt hielt. Jetzt hat er einen freien Kopf und kann sich dem zuwenden, was Sie mit Ihrer Fachkenntnis und Ihrem Urteilsvermögen erläuternd und begründend zu bieten haben. Sie haben ihn sehr beeindruckt. Er hat Vertrauen zu Ihnen gewonnen und ist glücklich darüber, dass Sie es sind, mit dem er ein Gespräch führen darf.

Professionelles Zuhören ist eine Energieleistung.

Ihre Empfangsenergie sollte noch größer sein als die Sendeenergie Ihres Gesprächspartners. Darüber hinaus können Sie selbst als Sender wirken, ohne ein Wort äußern zu müssen. Sie können bestätigen, ermuntern, erfreuen, verstärken, vitalisieren und voranbringen mit Machtmitteln der Mimik, der Gestik, der Körperhaltung und des Augenkontaktes.

Betrachten Sie den Kunden als ein gefülltes Gefäß.

Es passt nichts mehr hinein. Also müssen Sie es erst leeren, bevor Sie selbst mit Ihren Inhalten kommen können.

Sie kennen vieles, was sich im „Gefäß Kunde" angesammelt hat.

Es ist ein Ragout aus Bestandteilen der unterschiedlichsten Art: Erlebnissen, Erfahrungen, Vorurteilen, Ressentiments, Befürchtungen, Forderungen, Wünschen und Fragen. Erst, wenn Sie wissen, was sich im Gefäß befindet, können Sie die richtigen Lösungen liefern.

Kunden werden häufig unterschätzt.

Vielleicht haben sie weniger spezielles Fachwissen als der Verkäufer. Das sagt jedoch nichts aus über ihre Klugheit, Lebenserfahrung und ihr Urteilsvermögen.

Entwickeln Sie Ihren Quellen-Erschließungstrieb.

Sie lernen mehr durch das, was Ihnen andere sagen, als durch das, was Sie selbst sagen. Mit dem, was Sie von sich geben, bleiben Sie auf Ihrem jetzigen Niveau. Mit dem, was Sie durch Zuhören gewinnen, wachsen Sie. Erschließen Sie sich den Erkenntnis- und Erfahrungsreichtum Ihrer Kunden. Schreiben Sie auf, was Ihre Kunden Ihnen an Informationen, Ratschlägen und Unterstützung bieten. Ergänzen Sie diese Liste nach jedem Gespräch. Bestimmen Sie, wobei und womit Sie sich zukünftig helfen lassen wollen. Was wollen Sie erfragen, was sich geben oder zeigen lassen?

Bauen Sie für sich einen Kunden-Braintrust auf.

Wählen Sie die Kunden dafür aus. Kommen Sie mit ihnen häufiger zusammen. Rufen Sie sie in regelmäßigen Abständen an. Bedanken Sie sich und revanchieren Sie sich. Liefern Sie selbst interessantes Material: Zeitungsausschnitte und zusätzliche Informationen.

Nutzen Sie die zeitlichen Investitionen anderer für sich.

Kunden haben Jahre ihres Lebens aufgewandt, um Wissen, Erkenntnisse und Erfahrungen zu erwerben. Ernten Sie die Früchte dieses investierten Zeitkapitals. Gewinnen Sie eine Dividende, ohne dass es für Sie nötig wäre, eigenes größeres Zeitkapital einsetzen zu müssen. Sie brauchen nur zu fragen, zuzuhören und sich herzlich zu bedanken. Entwickeln Sie die Kunst, andere zum Reden zu bringen und sie dafür zu begeistern, Ihnen Ideen und guten Rat zu liefern.

Stellen Sie sich vor jedem Gespräch zwei Fragen:

Was will ich verkaufen? Was will ich erfahren und lernen?

Werten Sie Ihre Gespräche aus.

Halten Sie schriftlich fest, was Sie erfahren und gelernt haben.

Die glorreichen Sieben

Kunden, die mich mehr als alle anderen beraten, informieren, unterstützen, erfreuen und ermutigen:

1 ______________________________

2 ______________________________

3 ______________________________

4 ______________________________

5 ______________________________

6 ______________________________

7 ______________________________

Lassen Sie sich von Ihren Kunden helfen.

Je mehr ein Kunde
Sie beraten darf,
umso begeisterter
ist er von Ihnen.

Das Glas ist voll.

Der Kunde gleicht
dem vollen Glas.
Es ist kein Raum mehr da
für Ihre Botschaft.
Erst leeren, dann füllen!

Sicherer Boden unter den Füßen

Der Beitrag, den der Kunde bringt,
ist mehr als eine Unterbrechung Ihrer Rede.
Er ist das Fundament für das Gebäude Ihrer Argumentation.

Verblüffende Frage

Was war für Sie
in unserem Gespräch
der wichtigste Satz?

____

Erfolgsformel 12

Kunden ermutigen in kritischen Zeiten

Wie man Verluste überwindet, standhaft bleibt und Kraft gewinnt für einen neuen Start.

Um Kunden zu ermutigen in diesen Zeiten bedarf es mehr als eines Methodensortiments. Es muss die Fähigkeit hinzukommen, grundsätzliche Einsichten zu vermitteln, die es dem Kunden ermöglichen, das Wechselspiel von Gewinnen und Verlusten einzusehen und zu ertragen.

Solange nur Gewinne winken, ist das Leben leicht.

Für die Generation unserer Eltern und Großeltern war das Leben eine Folge von Verlustzuweisungen. Verlusterfahrungen waren bei ihnen vorhanden im Übermaß. Anders sah es bei den Menschen aus, die ihre Lebenserfahrung in den letzten vier Jahrzehnten bilden konnten. Sie gewannen den Eindruck, es gäbe eine Kontinuität des Positiven und eine anhaltende Aufwärtsbewegung. Sie gingen davon aus, dass es ein Leben mit einem hohen Maß an Voraussehbarkeit, Stetigkeit und Sicherheit gibt.

Jetzt zeigt sich auch ihnen das wahre Gesicht der Sicherheit:

Sie erfahren die Weisheit des ungesicherten Lebens: „Eines ist sicher, nichts ist sicher. Das Leben kennt keine Sicherheit!“ Es ist ein

Wechselspiel von Gewinn und Verlust. Gute Zeiten kommen wieder. Schneller dann, wenn wir die schlechten mit Durchhaltevermögen überwinden.

Vorbei ist es mit dem Glauben an die Gültigkeit dieser Sätze:

- Man muss nur Gutes wollen, dann wird man Gutes ernten.
- Wer schuldlos ist, erleidet keinen Schaden.
- Je größer die Hoffnungen, umso weniger werden sie enttäuscht.
- Dem guten Menschen wird nichts Schlechtes widerfahren.

Die Verbrämung des Begriffes „Verlust" ist beendet.

Mit der Verführungskunst der Sprache gelang es dem „Verlust", sich über Jahre einen strahlenden Anstrich zu verpassen. Er trat auf als Wohltäter und kam daher im Frack der Verlustzuweisung und im Dinnerjacket des „Verlustvortrages".

Verluste sind Verluste.

Real entstandene Schäden, mit einer zusätzlichen Gefährlichkeit: der Macht, als Gespenster der Vergangenheit verderbend in die Zukunft hineinzuwirken und damit die Erfolgsfähigkeit zu reduzieren.

Ihnen als Berater stellen sich drei Aufgaben:

- Ihren Kunden zu zeigen, dass Verluste Abschnitte auf dem Wege der Wertentwicklung sind.
- Ihnen dabei zu helfen, mit aktuellen Verlusten materiell und emotional „fertig" zu werden.
- Zu verhindern, dass Verluste eine bleibende Verwundung und ein Trauma bewirken und damit die Gegenwart und Zukunft Ihrer Kunden beschädigen.

Die Art der Verluste bestimmt ihre Wirkung.

Verluste, die wir als schicksalhafte Entwicklungen betrachten, nehmen wir anders hin als solche, von denen wir glauben, sie hätten vermieden werden können.

Finanzielle Verluste werden eher als vermeidbar betrachtet.

Deswegen beginnen nach ihrem Entstehen sofort die Selbstvorwürfe, die quälenden Gespräche, die Suche nach der Schuld und den Schuldigen:

- Wie konnte das passieren?
- Wie konnten wir uns darauf einlassen?
- Wie konnten wir glauben, dass das gut gehen würde?
- Wie konnten wir uns das einreden oder einreden lassen?

Finanzielle Verluste zerstören Hoffnungen.

Tief enttäuscht müssen viele jetzt davon ausgehen, dass ihr Leben anders verlaufen wird, als sie es geplant und sich so sehr gewünscht hatten. Es scheint für sie damit vorbei zu sein, die Mühseligkeit aus ihrem Leben herauszubringen, frei und unabhängig zu werden und Zwängen weniger stark ausgesetzt zu sein.

Ich habe Jahre meines Lebens umsonst gearbeitet!

Befreien Sie Ihren Kunden von dieser selbstmörderischen Obsession. Kaum jemand arbeitet nur des Geldes wegen. Der Mensch braucht die Arbeit. Nur mit ihrer Hilfe kann er sich zu einer Persönlichkeit entwickeln, stärker werden, Erfolge unter Wettkampfbedingungen erzielen und sich an ihnen erfreuen.

Menschen, die nie arbeiten mussten, beeindrucken uns keineswegs als Denkmäler der Glückseligkeit. Das Paradies mag verlockend wirken, doch wer es schafft, dort zu landen, kommt meist an Langeweile um oder holt sich einen Leberschaden.

Bringen Sie Ihren Kunden dazu, folgende Entschlüsse zu fassen:

- Ich habe nicht die Absicht, mir durch diesen Verlust meine Stimmung und innere Ruhe verderben zu lassen.
- Ich denke nicht daran, mich selbst zu bemitleiden, zu demoralisieren und mir Vorwürfe zu machen.

- Ich beende dieses Thema und höre auf, mit anderen darüber zu reden.
- Ich gehe Schritt für Schritt daran, die negativen Wirkungen dieses Verlustes zu mindern.
- Ich konzentriere mich völlig darauf, das zu planen und zu tun, was jetzt offensiv zu geschehen hat.

Der Kunde unter Schock.

Auf den Kunden hat ein finanzieller Verlust eine ähnliche Wirkung wie ein schwerer Unfall. Er gerät unter Schock. Ihn erfassen Panik und Entsetzen. In diesem Zustand ist er unfähig, die Lage zu beurteilen, Auswirkungen und Folgen abzuschätzen und notwendige Schritte zu überdenken. Wäre der finanzielle Verlust ein körperlicher Unfall, dann befände sich der Kunde jetzt auf der Intensivstation. Dort würde man versuchen, ihn ruhigzustellen. Und das ist auch Ihre erste Aufgabe als Berater.

- **Warum?**
  Der Kunde ist zu Beginn des Gespräches mit seinem Berater völlig uninteressiert daran, zu erfahren, *warum* etwas passiert ist.

- **Was?**
  Er ist gedanklich ausschließlich verknüpft mit dem, *was* passiert ist, mit der Größe des Schadens und der negativen Wirkung auf seine Lage.

Er möchte sich freisprechen

und den Druck belastender und ängstigender Gedanken loswerden. Einer rationalen Argumentation ist er noch nicht zugänglich. Sein Ziel ist es, Trost, Zuspruch und Hilfe von einem kompetenten, lebenserfahrenen Partner zu erhalten, der ihn mit Zuwendung und Mitgefühl zu beruhigen und zu stabilisieren vermag.
Er wäre erschüttert, wenn sein Gesprächspartner in dieser Phase des Gespräches bereits damit anfinge, mögliche Vorwürfe seines Kunden präventiv abzublocken:

- Damit konnte keiner rechnen.
- Das war völlig unvorhersehbar.
- So etwas hat es noch nie gegeben.
- Selbst die größten Profis konnten das weder voraussehen noch sich davor schützen.
- Es hat Ereignisse gegeben, auf die niemand vorbereitet sein konnte.
- Sie sind nur einer von vielen. Andere hat es noch stärker getroffen.

Ihn interessieren nur folgende Fragen:

- Wie groß ist der erlittene Schaden?
- Kann ich ihn irgendwie mindern?
- Welchen Bedrohungen bin ich jetzt ausgesetzt?
- Wozu bin ich jetzt gezwungen?
- Was kommt jetzt alles an Arbeit und Mühe auf mich zu?
- Was ist mir in der jetzigen Lage nicht mehr möglich?
- Welchem Druck und welchen Vorwürfen werde ich in der nächsten Zeit innerhalb meiner Familie ausgesetzt sein?
- Was kann ich tun?
- Was sollte ich tun?

Beruhigen Sie den Kunden.

Wirken Sie zu Beginn eines Gespräches ausschließlich als Empfänger. Kein Versuch der Unterbrechung, Bremsung, Erläuterung oder Richtigstellung würde Ihnen jetzt etwas bringen.

Zeigen Sie ihm Ihr Verständnis und Mitgefühl.

Mit dem, was der Kunde jetzt bringt, versucht er sich zu befreien. Mit allem, was Sie dagegen sagen, blockieren Sie den Befreiungsakt. Unterbrechen Sie ihn nicht mit Gegenargumenten. Sie würden beim Kunden nur einen neuen emotionalen Schub auslösen.
Lassen Sie den Kunden das aussprechen, was er sagen möchte, völlig unabhängig davon, ob es richtig ist oder falsch. Er will und muss es loswerden können.

Wenn das nicht in einer von Ihnen geschaffenen mitfühlenden, warmherzigen und respektvollen Atmosphäre geschehen kann, bleibt dem Kunden nur die Möglichkeit der Explosion und Aggression.

Beruhigende Kommentare:

- Ich habe Sie sehr gut verstanden.
- Ich halte das, was Sie sagen, für ganz bedeutsam und wichtig.
- Ich verstehe sehr klar, in welche Lage Sie geraten sind, welche Folgen das für Sie hat und welche Mühe auf Sie zukommt.
- Sie können sich nicht vorstellen, wie traurig ich darüber bin, dass sich das trotz unserer Anstrengung und Sorgfalt so entwickelt hat.

Erst, wenn der Kunde sich unbehindert ausgesprochen hat und es ihm damit gelungen ist, seine Gedanken zu ordnen, wird er fähig, mit Ihnen gemeinsam über das notwendige Vorgehen zu sprechen. Dann ist auch er so weit, dass er sich von Ihnen zeigen lässt, welche Springflut über uns alle in dieser Breite hereingebrochen ist.

Die Betonung liegt auf dem Wort „zeigen".

Zuhören zu müssen, wäre für den Kunden eine Belastung. Es fällt ihm leichter, sich das anzusehen, was Sie ihm in übersichtlicher Gestaltung zeigen. Bei dieser Art der Kommunikation blicken Sie gemeinsam in die gleiche Richtung. Würden Sie reden, dann träten Sie dem Kunden als Kontrahent gegenüber.

In dieser Gesprächsphase hat sich der Kunde stabilisiert.

Er kann seiner totalen „Ich-Fixiertheit" ein wenig entgehen. Jetzt wird es zum Trost für ihn, dass er nicht alleine in eine solche Lage geraten ist. Jetzt wird er auch fähig, Sie als Berater danach zu fragen, wie andere sich in dieser Situation verhalten und mit der Belastung fertig werden.

Damit haben Sie die Möglichkeit, darauf hinzuweisen, dass praktisch alle zum gleichen Entschluss gekommen sind: sich nicht umwerfen zu lassen, sondern aktiv und kämpferisch an eine Verbesserung der Lage heranzugehen.

Sprechen Sie mit ihm über das, was er sich vorgenommen hat.

Bestärken Sie ihn, bestimmte Schritte zu gehen. Und raten Sie ihm, wie er das einfacher, bequemer und auch schneller tun kann.

Lassen Sie ihn nicht allein.

Bieten Sie Ihren Rat und Ihre Unterstützung an. Er wird es Ihnen nie vergessen.

Was Kunden nicht auf Anhieb hören möchten:

- Damit konnte niemand rechnen.
- Das war nicht vorhersehbar.
- So etwas gab es noch nie.
- Selbst erfahrene Profis konnten sich davor nicht schützen.
- Was glauben Sie, wie viele es außer Ihnen getroffen hat – und die meisten weit schlimmer?

Lässt es sich ändern? Nein! Was tun?

Ich höre auf, mich zu bemitleiden,
mir Vorwürfe zu machen
und mich zu demoralisieren.
Ich gehe in die Offensive
und stabilisiere die Front.

Der gereizte Kunde ist zweifach gereizt:

- über das, was geschehen ist;
- voller negativer Erwartung dessen, was man ihm voraussichtlich abwehrend und belehrend mitteilen wird.

Kalte Fakten wirken frostig.

Kunden möchten:

- Verständnis
- Mitgefühl
- Respekt
- Zuneigung
- Hilfe

Erfolgsformel 13

Der Umgang miteinander

Die bewegende Kraft der Freundlichkeit. Die Lieferung von Respekt und die Gewinnung von Zuneigung.

Wer mag Sie?

Wer freut sich erkennbar, wenn Sie sich melden oder er Sie sieht? Wer liefert Ihnen Respekt, Zuneigung und Anerkennung?

Wer ist höflich, freundlich und liebenswürdig zu Ihnen?

Wessen Stimmung steigt, wenn Sie in seine Nähe kommen? Wer wird gelöst und guter Dinge? Wer fühlt sich wohl in Ihrer Gegenwart? Für welche Menschen sind Sie offenkundig eine große Bereicherung ihres Lebens?

Wie haben Sie dieses Wohlwollen gewonnen?

Haben Sie es mit fachlichen Leistungen erreicht oder haben Sie mehr gegeben als das? Waren es Ihre Freundlichkeit, Ihre Höflichkeit, Ihre Herzlichkeit, Ihr besonderes Bemühen? Was es auch war, Sie haben es geschafft, anderen eine Art „Wohlstand" zu liefern, die für sie besonders zählt: „Wohlbefinden".

Höflichkeit und Freundlichkeit gehören zu den größten Werten der Menschheit.

Sie wissen, wie gut Sie sich fühlen, wenn ein anderer höflich und freundlich zu Ihnen ist.

Freundlichkeit speist sich aus vielen Quellen:

der Freude an anderen Menschen, dem Genuss an ihrer Besonderheit, dem Respekt vor ihrer Lebensleistung, ihrem Können und ihrer Tapferkeit. Weitere Quellen sind Kontaktfreude, Gutartigkeit, Kultiviertheit und ein starkes Empfinden für das, was sich im Umgang mit Menschen gehört.

Und wenn es an Freundlichkeit fehlt?

Dann ist das ein Indiz dafür, dass auch die erwähnten Quellen der Freundlichkeit versiegt sind. Der erlittene Verlust ist damit größer, als er erscheint.

In jedem Land sind die Menschen stolz auf ihre Besonderheit:

- Wir sind das freieste Land der Welt.
- Wir haben die besten Schulen.
- Wir sind die besten Liebhaber.
- Bei uns dürfen Kinder alles.
- Wir sind die humorvollsten Wesen des Universums.
- Wir haben die meisten Gesetze und ihre Anzahl nimmt zu.

Und jetzt kommt Kanada, stolz auf seine *„civility“*:

„Wir gehen auf eine freundliche und zivilisierte Weise miteinander um!“

Zu viele betrachten Freundlichkeit als ein Wagnis.

Sie fürchten, dass ihre Freundlichkeit als ein Zeichen der Schwäche, als Machtlosigkeit und fehlende Durchsetzungskraft gesehen werden könnte. Sie gehen davon aus, dass der freundliche Mensch von anderen als unbedeutend eingestuft und von oben herab behandelt wird. In einer Welt des Wettbewerbs, der Machtkämpfe und des Leistungsdrucks halten sie Freundlichkeit für das Letzte, was ihnen bei solchen Bedingungen helfen könnte. Also verhalten sie sich kühl, abwartend, verschlossen und reserviert.

Der freundliche Mensch hingegen ist ein mutiger Mensch.

Er liefert Freundlichkeit auf eine vitale und kraftvolle Weise. Er kann es sich leisten, freundlich und höflich zu sein, denn er ist stabil, unbefangen und selbstbewusst. Grüßt er jemanden und dieser grüßt nicht zurück, dann erleidet er keinen Schwächeanfall. Er weiß, Barbaren sind allgegenwärtig.

Er gestattet es ihnen jedoch nicht, die Freundlichkeit und Höflichkeit aus seinem Leben hinauszudrängen. Das hätte ihm noch gefehlt, dass es anderen gelänge, ihn auszutrocknen.

Sind Grobheit, Brutalität und Vulgarität Zeichen von Stärke?

Erzeugen nur Härte und Kälte Respekt? Zerstört ein fahrlässiges Lächeln gar die Karriere? Ist der unfreundliche Gesichtsausdruck das Markenzeichen besonderer Bedeutung? Wird ein Mangel an Verbissenheit gleich als Zahnlosigkeit ausgelegt? Was verbirgt sich hinter der pompösen Fassade des unfreundlichen Auftretens? Ein berühmter Satz liefert die Antwort: „Grobheit ist eines schwachen Mannes Imitation von Stärke!“

Eine Welt ohne Freundlichkeit ist eine freudlose Welt.

Der höfliche, freundliche und fröhliche Mensch ist ein Geschenk für viele. Er macht den anderen das Leben leichter und erhöht ihre Lebensfreude. Er ermutigt sie, kräftigt sie und befähigt sie, mit Schwierigkeiten und Hindernissen fertig zu werden.

Der Mensch braucht Wertschätzung.

Nicht nur Güter. Es reicht nicht aus, dass die „Dinge“ gut sind. Der Mensch will auch „guter Dinge“ sein. Nur wenige materielle Werte liefern Menschen so viel Freude wie die Wertschätzung, die ihnen entgegengebracht wird. Häufig dienen materielle Werte überhaupt nur dazu, „Wertschätzung“ zu gewinnen, nämlich Respekt und Bewunderung.

Ist es möglich, fröhlich und freundlich zu sein und gleichzeitig erfolgreich?

Ein Unternehmer hat sich dazu geäußert: „Wenn unsere Wettbewerber sehen würden, wie übermütig wir miteinander umgehen, wie wir hier zusammensitzen und so lachen, dass uns die Tränen kommen, sie würden nur sagen können: ‚Es ist unbegreiflich, wie diese Leute es fertig bringen, trotzdem einen solchen Erfolg zu haben!‘“

Was braucht der Mensch – Ermutigung oder Druck?

Ermutigung wirkt Wunder. Wer als Kind ermutigt wurde, weiß, was seine Eltern ihm damit geschenkt haben. Es ist das Zutrauen und die Freundlichkeit, die uns beflügeln. Sie liefern uns Antriebskraft und den Willen, etwas zu schaffen.
Manche glauben, dass es nur eine Bestlösung gibt, mit der sich Erfolge erzielen lassen: „die professionell organisierte Galeere“. Andere wissen es besser. Das Wesen der Eliteorganisation besteht im enthusiastischen und kraftvollen Zusammenspiel freier Menschen, die auf eine rücksichtsvolle Weise miteinander umgehen.

Die großen Werke werden von Enthusiasten geschaffen.

Nicht von den freudlosen, verbissenen Gestalten der Nacht.

Freundlichkeit und Tatkraft sind kompatibel. Das gilt auch für:

- Intelligenz und Liebenswürdigkeit,
- Kreativität und Humor,
- Professionalität und Fröhlichkeit,
- Durchsetzungskraft und Höflichkeit,
- persönliche Begabung und Freude am Können anderer.

Lebensqualität ist die Qualität des Zusammenlebens.

Nicht allein der materielle Faktor bestimmt den Reichtum einer Gemeinschaft. Es ist die Art des Umganges miteinander, die so entscheidend zählt.

Mit Gesetzen allein ist kein zivilisiertes Zusammenleben zu erreichen.

Es ist eine gigantische Naivität, zu glauben, es bedürfe nur einer ausreichenden Anzahl richtiger Gesetze und die Lebensqualität ergäbe sich von selbst. Man kann nur staunen, wie viele Bevormundungs-Berserker sich von diesem Trugbild leiten lassen.

Wir fühlen uns so gut, wie andere sich uns gegenüber verhalten.

Deshalb ist es so wichtig, dass wir uns intensiver mit den Spielregeln des Umganges miteinander beschäftigen, nicht nur mit dem Thema der „Umgangsformen", sondern auch dem, was wir uns „inhaltlich" an Wärme und Menschlichkeit bieten können.

Wir brauchen mehr Leuchttürme der Hoffnung für einen menschlichen Umgang miteinander.

Freundlichkeit macht die Welt heller, Höflichkeit macht sie freier und Fröhlichkeit macht sie gesund.

Was bringen Sie in die Welt?

- Höflichkeit
- Freundlichkeit
- Fröhlichkeit
- Ermutigung
- Begeisterung

Ein Volk ohne Freundlichkeit ist verloren.

Eine Firma ohne Freundlichkeit
hat keine Zukunft.
Ein Verkäufer ohne Freundlichkeit
hat den falschen Beruf.

Umgangsformen sind nicht alles. Ohne Freundlichkeit und Wärme geben sie wenig her.

„Wie war die Atmosphäre des Gespräches?“
„Höflich, korrekt und eisig.
Die Form wurde vollendet gewahrt!“

Die Kunst, sich einen Feind zu machen

Wer einem anderen
den Respekt versagt,
bleibt diesem
lange in Erinnerung.

Erfolgsformel 14

Tun Sie das, was sich gehört!

Es ist das Klügste, was Sie tun können.

Die vom Volumen her größte Schadstoffbelastung, der wir ausgesetzt sind, ist die Immission von Problemen. Sie drücken uns nieder, verderben das Klima und stehlen uns die Lebensfreude.

Alle Menschen haben täglich mit Problemen zu tun.

Die einen liefern sie, die anderen versuchen sie zu lösen. Zwischen beiden Gruppen gibt es einen ständigen Wechsel der Zuständigkeiten.

Menschen brauchen mehr als gute Luft und sauberes Wasser.

Sie brauchen eine Atmosphäre zum Schutz ihrer Stimmung. Diese Atmosphäre entsteht, wenn Menschen sich so verhalten, wie es sich gehört. Damit reduzieren sie den Ausstoß von Problemen und Belastungen dramatisch.

Es gibt vier Menschen-Gruppen:

Gruppe 1
Sie wissen, was sich gehört, und halten sich daran.

Gruppe 2
Sie wissen, was sich gehört, aber es fehlen ihnen die Zeit, die Kraft und die Organisiertheit, um das so konsequent tun zu können, wie sie sich das wünschen. Darunter leiden sie.

Gruppe 3
Sie wissen, was sich gehören würde, doch es ist ihnen gleichgültig. Für sie ist das eine Anleitung für Diener und Duckmäuser, für Ängstliche und Angepasste, für Nichtkönner und Schwächlinge – für alle, die an einer Ellbogeninsuffizienz leiden.

Gruppe 4
Ihnen hat nie jemand beigebracht, dass es Anstandsregeln geben könnte.

Uns interessieren hier die drei ersten Gruppen. Zum Umgang mit der vierten bedarf es eines eigenen Systems.

Wie verteilen sich 100 Menschen Ihrer Ansicht nach prozentual auf die ersten drei Gruppen?

Gruppe 1: 5 %?
Gruppe 2: 70 %?
Gruppe 3: 25 %?

Zu welchen Ergebnissen kommen Sie? Welche der Gruppen hat in den letzten Jahren hinzugewonnen? Wie sähen die Zahlen für Österreich, die Schweiz, Japan, die USA aus?

Die meisten Menschen erwarten, dass sich andere ihnen gegenüber an etablierte Spielregeln halten.

Nehmen Sie an, Sie hätten nur mit Menschen zu tun, die es nicht nötig haben, sich Ihnen gegenüber zu benehmen – die Ihnen weder Respekt, Freundlichkeit noch Hilfsbereitschaft entgegenbringen würden. In was für einer Welt würden Sie leben?

Ohne Spielregeln herrscht Chaos.

Stellen Sie sich ein Fußballspiel ohne Regeln, ohne Schiedsrichter, ohne gelbe und rote Karten vor. Ein Spiel, bei dem ein Verteidiger seinen Dobermann mitbringt und Aufgaben an ihn delegiert.

Nichts versetzt Menschen so in Wut wie ein respektloses Verhalten ihnen gegenüber.
Unprofessionalität und Fehler vermögen sie zu entschuldigen, ungehöriges Verhalten nicht. Sie erkennen das, wenn sie Ärger analysieren. Nicht das Ereignis, sondern die Impertinenz des Verursachers löst eine Explosion negativer Gefühle aus: Hilflosigkeit, Wut, Ressentiments.

Viele Tage ihres Lebens sind Menschen gedanklich vergiftet.
In Geiselhaft dessen, was man ihnen unfair, degradierend und verletzend angetan hat.

Achten Sie auf das, worüber zwei Menschen miteinander sprechen.
Meist geht es um das, was ein Dritter sich ihnen gegenüber herausgenommen hat:

- Können Sie sich das vorstellen?
- Haben Sie so etwas schon einmal erlebt?
- Die wagen doch tatsächlich ...!
- Denen ist das völlig egal.
- Das interessiert die gar nicht.
- Die hören Ihnen überhaupt nicht zu.
- Nichts von dem, was die Ihnen versprechen, halten sie.
- Die antworten noch nicht einmal.

Denken Sie an das Verhalten mancher Talkshow-Teilnehmer:
die Diffamierungsmimik, den Ton, das ständige Unterbrechen anderer. So liefern manche ungehemmt eine Charakterstudie von sich ab.

Eine unserer Lebensaufgaben ist es, Verbündete zu gewinnen.
Menschen, die wissen, was sich gehört und sich auf eine kultivierte Weise uns gegenüber verhalten. Das Wort „kultiviert“ wird heute übrigens nur noch selten benutzt. Woran liegt das? Am Klimawandel oder am Artensterben?

Wie groß ist der Anteil fremder Menschen, die sich Ihnen gegenüber freundlich und zuvorkommend benehmen?

Zählen Sie nach der Landung des Flugzeuges ab, wie viele an Ihnen vorbeiziehen, bevor dann einer innehält, Sie anlächelt und Sie auf den Gang hinaustreten lässt? Er oder sie haben offenbar entschieden, nicht an der Roboter-Stampede teilzunehmen. Sie scheinen andere Menschen wahrzunehmen und zu mögen. Entsprechend verhalten sie sich – aufmerksam, freundlich, galant und intelligent!

Menschen möchten entlastet und von Problemen befreit werden.

Frage an ein dreijähriges Mädchen: „Was ist eigentlich ein Problem?"

Antwort: „Wenn man etwas nicht kann und Hilfe braucht."

Gemocht wird der Mensch, der sich um den Menschen bemüht.

Jemand, der das professionell tut, wofür er fachlich da ist, und den es darüber hinaus erfreut, Menschen Wertschätzung zu zeigen und sie in gute Stimmung zu versetzen.

Keiner möchte nur als Teil einer Menge existent sein.

Er möchte erkennbar als Einzelwesen wahrgenommen und behandelt werden. Deswegen mag er auch keine Sätze, die mit „Alle anderen ..." beginnen. Auch weiß er, dass auf den Satzbeginn „Sie sind der Einzige ..." meist nichts Positives folgt.

Menschen möchten mit Menschen sprechen, nicht mit Automaten.

In einigen Firmen haben inzwischen Außerirdische den Telefondienst übernommen. Überall haben sie Sperren errichtet. Wenn wir glauben, endlich mit einem Menschen verbunden zu werden, ertönt sie wieder – die Stimme aus dem All: „Zurzeit sind leider alle Erdlinge im Gespräch!"

Der Ton macht die Musik.

„Warten Sie bitte draußen, Sie werden gerufen!“ Es ginge auch anders: „Würden Sie bitte noch einige Minuten warten. Wir bemühen uns, schnell für Sie da zu sein. Vielen Dank!“

Studieren Sie den erfreulichen Teil der Körpersprache:

Das ist der Teil, der sich der Mimik und den Gesten widmet, mit denen Menschen anderen ihren Respekt, ihre Zuwendung, ihr Verständnis und ihre Zuneigung signalisieren. Zu viele haben beim Stichwort Körpersprache nur eine Assoziation: Wie kann ich den anderen durchschauen? Das allein sollte es nicht sein!

Es sind die kleinen Gesten, die große Wirkungen erzielen.

Der Mensch, der seine Sonnenbrille abnimmt, wenn er jemanden begrüßt. Er entfernt die Barriere und wendet sich dem anderen zu. Der nimmt das sehr wach und erfreut zur Kenntnis!

Wir können nicht jedem alles geben, was er gerne hätte.

Wir können nicht alles so lassen, wie er es gerne hätte, aber bei allen Belastungen, denen die Menschen ausgesetzt werden, sollten wir die Regeln für ein menschliches Miteinander nicht vergessen.

Womit können Sie Menschen am meisten motivieren?

Mit einem sonntäglichen Umgang im alltäglichen Leben.

Jeder von uns ist ein Sender.

Legen Sie fest, wofür Sie zuständig sein wollen:

- Können und Fairness
- Verständnis und Mitgefühl
- Höflichkeit und Respekt
- Anerkennung und Dankbarkeit

Entscheiden Sie, wie Sie vorgehen wollen.

Mit welchem Verhalten, welchen Aktionen, welchen Mitteln und welchem Sprachschatz? Lassen Sie es nicht länger zu, dass Ihre Belastung und Ihr Zeitmangel Sie daran hindern, das zu tun, was Ihnen so viel an Zuneigung, Erfolg und Lebensqualität bringen könnte. Fassen Sie den Entschluss, hierfür mehr Zeit und Kreativität einzusetzen. Produktiver können Sie Ihre Zeit nicht einsetzen.

Organisieren Sie sich für die Zuwendung anderen gegenüber.

Erleichtern Sie es sich, schnell handeln zu können. Halten Sie das, was Sie dafür brauchen, griffbereit. Senken Sie die Barriere vor dem Start. Sie sollten nicht gezwungen sein, erst lange Anlauf nehmen zu müssen.

Freuen Sie sich darüber, dass Ihre Kunden und Partner zufrieden sind.

Aber geben Sie sich nicht mit der Zufriedenheit zufrieden. Das Ziel heißt Zuneigung. Es gibt nur eine Gruppe, der Sie angehören sollten. Das ist die Gruppe 1. 5 % gehören ihr an. 95 % aller Zuneigung fließen ihr zu.

Ich danke Ihnen!

- Sie sind für mich erreichbar.
- Sie nehmen mich zur Kenntnis.
- Sie behandeln mich respektvoll und zuvorkommend.
- Sie halten mich für intelligent und urteilsfähig.
- Sie hören mir wohlwollend und aufmerksam zu.
- Sie glauben mir das, was ich sage.
- Sie erkennen die Bedeutung dessen, was ich sage.
- Sie versuchen, mir zu helfen und mich zu schützen.
- Sie befreien mich von Problemen und Belastungen.
- Sie liefern mir die Lösung, die ich brauche.
- Sie lassen mich nicht im Stich.
- Sie wahren meine Interessen.
- Sie sind umsichtig und sorgfältig.
- Sie machen keine Fehler und fügen mir keinen Schaden zu.
- Sie zwingen mich nicht, alles kontrollieren zu müssen.
- Sie geben nichts über mich an andere weiter.
- Sie halten das, was Sie mir zusagen.
- Sie erledigen das Zugesagte vollständig.
- Sie entlasten mich und bringen mich voran.
- Sie sind fröhlich, und Ihre Fröhlichkeit tut mir gut.

Wir wünschen uns mehr als Zufriedenheit.

Wir möchten, dass unsere Kunden uns mögen.

Ich mag Sie.

Sie gehen respektvoll,
freundlich und fair
mit mir um.

Was Sie sagen, stimmt.

Was Sie versprechen, halten Sie.
Was Sie liefern, funktioniert.

Die Basis Ihres Erfolges

ist Ihre Integrität.

Erfolgsformel 15

Die Kunst des Bedankens

Machen Sie das Bedanken zu einem festen Bestandteil Ihres Handelns.

Wo ist die Kunst des Bedankens geblieben? Warum wird sie weniger als früher betrieben? Fehlt uns dafür die Zeit, die Kraft und die innere Ruhe? Müssen wir alle Zeit, die wir haben, einsetzen, um auf direktem Wege materielle Erfolge zu erzielen?

Zählt nur noch das Notwendige?

Sind die Umgangsformen zum Luxus geworden, den wir uns nicht mehr leisten können? Oder ist man in Deutschland vielleicht besonders stark auf die inhaltliche Leistung fixiert und betrachtet alle Arten der Lieferung von Wertschätzung als Beiwerk, Verpackung bis hin zum Blendwerk?

Bedanken ist das Wecken von Dankbarkeit.

Nicht der materielle Güteraustausch gibt den Menschen ein Gefühl herzlicher Verbundenheit, sondern die Art des Umganges miteinander. Von der Kunst des Bedankens ist so wenig übrig geblieben, dass die Menschen, die diese Kunst noch beherrschen und pflegen, auf einer Woge des Wohlwollens und der Zuneigung zum Erfolg getragen werden.

Es entsteht ein Gefühl besonderer Verbundenheit.

Der Empfänger des Dankes ist überrascht und freut sich. Für ihn ist der Dank das positive Ereignis des Tages. Er erhöht die Stimmung und liefert ein Sicherheitsgefühl. Der Dank wird als besondere Bemühung betrachtet. Der Empfänger empfindet sich als wichtig genommen, als Einzelperson gesehen und geschätzt. Seine Überzeugung nimmt zu, mit dem, der sich bedankt hat, den richtigen Partner ausgewählt und die richtige Entscheidung getroffen zu haben.

Was Sie gewinnen, wenn Sie sich bedanken.

Sie heben sich heraus aus einer Masse von Menschen, die das Bedanken als Mühe und Zumutung betrachten: „Jetzt müssen wir uns auch noch bedanken!“ Sie erhöhen das Vertrauen anderer Ihnen gegenüber. Sie wecken Dankbarkeit und Zuneigung. Sie bekommen das Verhalten wieder, für das Sie sich bedankt haben.

Sie liefern den anderen positiven Gesprächsstoff über Sie, sind mit Ihrem Dankbrief ständig präsent und erleichtern es, Kontakt zu Ihnen aufzunehmen. Sie geben dem Empfänger Ihres Dankbriefes die Möglichkeit, ihn anderen zu zeigen, auf Ihr Können und Ihre besondere Art hinzuweisen und bei anderen den Wunsch zu wecken, Kontakt zu Ihnen aufzunehmen.

„Ich finde den Brief, den er uns geschrieben hat, ganz reizend. Ich bin froh, dass wir ihn als Berater gewonnen haben. Er hat mir auf Anhieb gefallen. Die gedankliche Klarheit, das Eingehen auf unsere Lage und Absichten, die plausiblen und konkreten Antworten, die Höflichkeit und die Liebenswürdigkeit ...

Wir sollten ihn übrigens einmal mit meinem Bruder bekannt machen. Ich werde ihn anrufen und ihm die Adresse geben!“

Entwickeln Sie ein persönliches Bedank-Programm.

Es soll es Ihnen leicht machen, das Bedanken organisiert und systematisch zu betreiben – bequem für Sie und mit möglichst geringem Zeitaufwand.

Betrachten Sie das Bedanken als vorbeugende Instandhaltung der Kundenbindung. Sammeln Sie Ansätze und Anlässe, für die Sie sich bedanken können. Erarbeiten Sie Bestformulierungen und verknüpfen Sie den Dank mit der Lieferung von Anerkennung.

Bedanken – wofür?

- den erhaltenen Termin
- die geschenkte Zeit
- den liebenswürdigen Empfang
- die sorgfältige Vorbereitung auf das Gespräch mit Ihnen
- die erhaltenen Informationen, Ideen und Ratschläge
- das Wohlwollen und Vertrauen
- das freundschaftliche Gespräch
- die Einhaltung von Zusagen
- die schnelle Erledigung des Ihnen Versprochenen
- den abgeschlossenen Vertrag
- die Empfehlung an andere
- die Fortsetzung der Zusammenarbeit

Bedanken Sie sich bei allen, die am Gespräch teilnahmen.

Nicht nur bei den „VIPs“, sondern auch den nur scheinbaren „NIPs“ - den so genannten Not Important Persons.

Lernen Sie die Empfänger Ihres Dankes besser kennen.

Damit Sie sich individuell beeindruckend bedanken können, müssen Sie mehr über den anderen wissen - seine Herkunft, seine Interessen, seine Neigungen und seine Erfolge.

Ihr Dankbrief ist ein Anerkennungsdokument und eine Zuneigungsurkunde.

Widmen Sie ihn ausschließlich dem Danken. Nehmen Sie kein einziges anderes Thema hinein.

Heben Sie Ihre Dankbriefe auf die Stufe von Kunstwerken.

Bedanken Sie sich vollendet, stilvoll, mit Formulierungen, die das Selbstwertgefühl des Empfängers steigern und die in ihrer liebenswürdigen Treffsicherheit niemals von ihm vergessen werden. Gestalten Sie einen Dankbrief so, dass der Empfänger ihn voller Freude anderen zeigen kann und ihn am liebsten rahmen lassen möchte. Schreiben Sie die Anrede und die Grußformel handschriftlich. Wählen Sie für den Text eine besonders schöne Schrift und benutzen Sie eine beeindruckende Papierqualität. Vor allem aber bedanken Sie sich so schnell wie möglich.

Mit Ihrem Dankbrief fördern Sie die Karriere des Empfängers. Das vergisst er Ihnen nie.

Ein Gast schreibt an den Direktor eines Hotels in Zürich einen Dankbrief. Er bedankt sich im Zusammenhang mit einer Veranstaltung für die Herzlichkeit, die Umsicht und die Professionalität und nennt die positiven Punkte, die ihm besonders gefallen haben.
Am nächsten Tag bekommt der Hoteldirektor den Besuch seines obersten Chefs aus den USA. Dieser beginnt ihm mitzuteilen, was er alles an Verbesserungen wünscht. Sein Schweizer Hoteldirektor legt ihm den gerade empfangenen Brief vor. Reaktion seines Chefs: „Gratuliere, bitte lassen Sie einige Kopien für mich machen. Ich möchte, dass unsere anderen Hotels erfahren, was Ihre Gäste bei Ihnen so schätzen!“

Schaffen Sie Bedankanlässe.

Es gab eine Zeit, in der in deutschen Krankenhäusern Reibungen zwischen Chefärzten und Verwaltungsdirektoren bestanden. Einer der Chefärzte befreite sich davon auf kluge Weise. Er ersetzte die Strategie der Konfrontation durch eine der Umarmung.
Er bat den Verwaltungsdirektor darum, einmal einen halben Tag bei ihm zu Gast sein zu dürfen, um mehr über die Probleme zu erfahren, mit denen sich ein Verwaltungsdirektor herumschlagen muss. Dem Chefarzt wurde ein freundschaftlicher Empfang bereitet. Er selbst

schuf sich mit seinem Besuch die Möglichkeit, sich für diesen Empfang, die Zuwendung und die Gastfreundschaft herzlich bedanken zu können.
Dieser Dankbrief brachte ihm viel. Wenn er jetzt neue Geräte benötigt, übernimmt es der Verwaltungschef, für ihn einen so plausibel begründeten Antragstext zu formulieren, dass es ihm anschließend leicht fällt, diesen dann zu genehmigen.

Beginnen Sie jedes Gespräch damit, dass Sie sich für etwas bedanken.

Dann ist die Förmlichkeit auf Anhieb weg und die Herzlichkeit da. Bedanken entwaffnet. Es macht zwanglos.

Überlegen Sie, was Sie einem Dankbrief beilegen können.

Das kann ein kleines Geschenk sein, ein Artikel oder eine andere Information, die für den Empfänger, seinen Partner, seine Kinder oder seine Mitarbeiter besonders nützlich ist.

Bei wem werden Sie sich bedanken?

Mit welchen Personengruppen haben Sie zu tun? Mit welchen noch? Welche Einzelpersonen sind für Ihren Erfolg von entscheidender Wichtigkeit? Wer wird also zukünftig zu denen gehören, die Sie in Ihr Bedank-Programm aufnehmen?

Wie viele Dankbriefe werden Sie pro Woche verschicken?

Wenn es fünf pro Woche sind, dann kommen Sie auf 260 Dankbriefe im Jahr.

Dank und Anerkennung, der Erinnerungen schönster Teil.

Vor mehr als 50 Jahren schrieb ein Lehrer einem Schüler unter seine Englischarbeit: „Well done!" So etwas war diesem Schüler noch nie widerfahren. Also eilte er zum Lehrer und fragte: „Was heißt das bitte auf Deutsch?" Der Lehrer sagte nur ein Wort: „Verschwinde!"
Das sind die Erinnerungen, die bleiben.

Sehr verehrte Frau Hochfelde,
sehr geehrter Herr Hochfelde,

das Gespräch mit Ihnen am Mittwoch, dem 18. September, habe ich sehr geschätzt. Es war eine Freude und Ehre für mich, Sie beraten zu dürfen. Ich danke Ihnen herzlich für den liebenswürdigen Empfang und die freundliche Atmosphäre.

Sehr beeindruckt hat mich Ihre professionelle und gründliche Vorbereitung auf unser Gespräch und die Klarheit, mit der Sie Ihre Situation, Ihre Ziele und die Punkte, auf die es Ihnen ankommt, beschrieben haben. Das hat uns sehr dabei geholfen, die für Sie am besten geeignete Lösung zu finden.

Sie waren so freundlich, mir zu empfehlen, Kontakt mit Herrn Werner Weber aufzunehmen. Auch dafür möchte ich Ihnen herzlich danken. Inzwischen hatte ich das Vergnügen, mit Herrn Weber zu sprechen und einen Termin zu vereinbaren.

Bitte zögern Sie nicht, Kontakt zu mir aufzunehmen, wenn Sie eine Frage oder einen Wunsch haben. Ich freue mich darauf, Ihnen mit Rat und Tat zur Verfügung zu stehen. Sie erreichen mich bequem unter der Telefon-Nr. ...

Mit herzlichen Grüßen

Danken – Die Kunst, Zuneigung zu erzeugen

Wer andere erkennbar mag,
der hat es leicht, gemocht zu werden.
Ihr Dank ist der Beweis dafür,
dass Sie den anderen mögen.
Dankbar, mag er Sie auch.

Zurück aus einem freundlichen Land

„Die Menschen dort waren
von einer überwältigenden Freundlichkeit!“
„Ja, aber von einer sehr unechten Freundlichkeit!“
„Ich weiß, echte Unfreundlichkeit ist Ihnen lieber!“

Ein Dank und seine Folgen

Schüler: 12, Andreas, Deutscher.
Lehrerin: 28, Marie, Französin.
Sie schreibt ihm unter seinen französischen Aufsatz:
„Vielen Dank, schon wieder eine so wundervolle Arbeit!“

Andreas’ Vater kauft einen französischen Wagen.
Andreas’ Mutter kocht nur noch französisch.
Andreas nennt sich jetzt André
und spricht nur noch gebrochen Deutsch.

Der Bau einer Pyramide des Wohlwollens

5 Dankbriefe pro Woche,
260 Dankbriefe pro Jahr,
2.600 Dankbriefe in zehn Jahren.

Erfolgsformel 16

Gewinnen Sie die Unterstützung Ihrer Lieferanten.

Besondere Beziehungen – besondere Bemühungen!

Wir bemühen uns um unsere Kunden.

Sie sind unser wahres Vermögen, bezahlen uns und sichern unser wirtschaftliches Überleben. Folglich strengen wir uns an und bemühen uns um den Aufbau besonderer Beziehungen.

Anders sieht es aus gegenüber unseren Lieferanten.

Sie scheinen von uns abhängig zu sein und konkurrieren im Wettbewerb mit anderen um unsere Gunst. Warum sollten wir uns also um sie bemühen? Wofür brauchen wir ein „Lieferanten"-Beziehungspflege-System? Was haben wir konkret davon, wenn wir uns so um unsere Lieferanten bemühen, wie um unsere Kunden? Bieten sie uns dann mehr? Oder schließen sie vielleicht gerade wegen unserer Bemühungen darauf, dass wir es sind, die sie nötig haben?

Die Antworten auf diese Fragen können Sie sich leicht beschaffen.

Denken Sie darüber nach, was Sie denen Ihrer Kunden mehr bieten, die Ihnen besonders respektvoll, liebenswürdig und kooperativ entgegentreten, den Kunden, die Sie erfreuen, nicht belasten, sich fair verhalten und auch Ihre Interessen respektieren.

Lebensklugheit zeigt sich in der Auswahl der Partner.

Das gilt nicht nur für den Lebenspartner, sondern auch für alle anderen, mit denen Sie sich umgeben.

Ihre Partner bestimmen Ihre Lebensqualität.

Wie sehr das der Fall ist, können Sie leicht erkennen, wenn Sie ermitteln, wie viel Zeit Sie einsetzen, um sich über ungeeignete, belastende Partner zu erregen.

Die richtigen Partner liefern Ihnen das Richtige.

Sie geben Ihnen das, was Sie brauchen – auf eine Weise, die Sie mögen. Die ungeeigneten Partner liefern Ihnen unzureichende Lösungen, belasten Sie, stehlen Ihnen die Zeit und außerdem die Stimmung.

Sie sind mit vielen Partnern verbunden.

Wie viele es sind, werden Sie verblüfft feststellen, wenn Sie eine Liste anlegen. Lassen Sie uns alle diese Partner als „Lieferanten" bezeichnen. Auch Mitarbeiter sind im Übrigen „Lieferanten".
Nehmen Sie allein die Riesenzahl der Lieferanten, die Ihnen Dienstleistungen liefern: Berater, Ärzte, Einzelhändler, Handwerker, Gastronomen, Reisebüros, Fluggesellschaften. Auch Journalisten, deren Artikel Sie lesen, gehören dazu.

Die meisten dieser Lieferanten strengen sich an.

Sie bemühen sich, Ihnen die Qualität zu liefern, die Sie brauchen. Sie sind umsichtig, professionell und fleißig. Sie liefern Ihnen Lösungen, Entlastung, Bequemlichkeit, Sicherheit, Respekt und Wertschätzung.

Bewerten Sie Ihre Lieferanten. Bilden Sie dafür drei Gruppen:

1. Lieferanten, die nicht fähig oder gewillt sind, Ihnen das zu bieten, was Sie brauchen. Von ihnen sollten Sie sich trennen.

2. Lieferanten, die sich bemühen, die Ihnen das liefern, was Sie brauchen, aber auch nicht mehr. Diese sollten Sie stimulieren, die bisherigen Leistungsgrenzen zu überschreiten.
3. Lieferanten der Spitzenklasse, vom Können her, den Erfahrungen, der Kreativität und von der Fähigkeit, Lösungen zu finden. Bei diesen Partnern sollten Sie alles tun, um besondere Beziehungen zu begründen. Machen Sie diese Lieferanten zu Ihren Verbündeten. Bilden Sie Allianzen und liefern Sie ihnen Freude an der Zusammenarbeit.

Jeder Lieferant hat die Macht, den Kunden, die er mag, erheblich mehr zu bieten.

Für sie setzt er ein Mehr an Unterstützungskapazität ein. Ihnen liefert er einen überproportionalen Anteil seiner Mittel, seiner Zeit und seiner Leistungen. Für jeden Lieferanten und seine Mitarbeiter ist es ungewöhnlich, von einem Kunden so höflich, liebenswürdig und zuvorkommend behandelt zu werden, wie das normalerweise nur gegenüber Kunden und Freunden geschieht. Dafür revanchiert er sich.

Lieferanten, die Sie mögen, liefern Ihnen mehr:

- Sie werden auch auf anderen Gebieten mit Lösungen für Sie tätig.
- Sie liefern Ihnen Ideen und Informationen.
- Sie sind schneller für Sie da.
- Sie setzen die besten Mitarbeiter für Sie ein.
- Sie wenden eine besondere Sorgfalt auf.
- Sie helfen Ihnen bei Problemen, die mit dem Programm des Lieferanten nichts zu tun haben, für die er aber trotzdem Lösungen bereithält.
- Sie bringen Sie mit anderen wichtigen Persönlichkeiten zusammen.

Lernen Sie Ihre Lieferanten besser kennen.

- Was bieten sie Ihnen jetzt?
- Was könnten sie Ihnen außerdem bieten?

- Auf welchen Gebieten sind sie Experten?
- Was wünschen sich diese Lieferanten selbst?
- Was können Sie ihnen liefern?

Beschäftigen Sie sich im Kontakt mit Ihren Lieferanten nicht nur mit dem Thema, das gerade ansteht. Überschreiten Sie die Themengrenzen. Stellen Sie Zusatzfragen. Lassen Sie sich beraten. Lernen Sie bei jedem Gespräch dazu. Sichern Sie sich das „Know-how" Ihrer Lieferanten. Mit jeder Frage, die Sie stellen, öffnen Sie bei Ihrem Partner eine Tür. Sie führen ihn hin zu den Informationen und der Hilfe, die er Ihnen außerdem liefern könnte.

Lernen Sie die Organisation und die Mitarbeiter Ihrer Lieferanten kennen.

- An wen müssen Sie sich bei welchen Themen wenden?
- Wie erreichen Sie ihn oder sie am besten?
- Was müssen Sie tun, um schnell guten Service zu bekommen?

Lernen Sie die Fachsprache des einzelnen Lieferanten kennen.

Erst, wenn Sie seine Sprache beherrschen, werden Sie auch richtig verstanden und bekommen schnell und fehlerlos das, was Sie haben möchten.

Erleichtern Sie Ihren Lieferanten die Zusammenarbeit mit Ihnen.

Werden Sie zu einem professionellen Kunden. Bereiten Sie sich auf Gespräche besser vor. Liefern Sie den anderen das, was sie benötigen, um Ihnen wirkungsvoll helfen zu können.

Tun Sie mehr für Ihre besten Lieferanten.

Bedanken Sie sich. Erfreuen Sie Ihre Partner mit Anerkennungsschreiben. Stellen Sie besondere Leistungen einzelner Mitarbeiter heraus. Gratulieren Sie zu Erfolgen. Liefern Sie Informationen und Ideen. Empfehlen Sie Ihre Partner weiter.

Seien Sie behutsam mit Beschwerden.

Fast immer werden die anderen bemüht sein, das für Sie Negative aus der Welt zu schaffen. Je höflicher und behutsamer Sie an Ihre Partner herantreten, umso mehr werden sie sich anstrengen.

Heben Sie sich von denen ab, die es für richtig halten, Menschen in zwei Klassen einzuteilen.

Sie kennen den Typus: kalt, barsch, diktatorisch und unfreundlich gegenüber so genannten Abhängigen; verzückt gebückt gegenüber denen, von denen er selbst abhängig ist.

Ihre Lieferanten sind Partner, und keine Sklaven.

Sorgen Sie dafür, dass Ihre Lieferanten auch von allen Ihren Mitarbeitern respektvoll und liebenswürdig behandelt werden. Hier gilt, je freundlicher und höflicher der Ton zwischen denen ist, die zu Ihnen gehören, umso mehr wird das dann auch gegenüber Außenstehenden der Fall sein.

12 Regeln für den Umgang mit Lieferanten

- Bauen Sie besondere Beziehungen auf.
- Ermutigen Sie die Bemühten.
- Nennen Sie das, was Sie besonders schätzen.
- Bedanken Sie sich für erbrachte Leistungen.
- Arbeiten Sie gut organisiert und vorbereitet zusammen.
- Formulieren Sie klare und verständliche Aufträge.
- Gehen Sie respektvoll mit der Zeit Ihrer Partner um.
- Schalten Sie präventiv Fehler aus.
- Ändern Sie nicht ständig Ihre Forderungen und Wünsche.
- Halten Sie sich an die getroffenen Vereinbarungen.
- Zahlen Sie pünktlich.
- Helfen Sie Ihren Lieferanten dabei, selbst Erfolge zu erzielen.

Seien Sie freundlich auch zu denen, die von Ihnen etwas wollen.

Heben Sie sich von anderen ab.

Pflegen Sie Ihre Lieferanten genauso wie Ihre Kunden.

Erschließen Sie sich mehr von dem, was Ihre Lieferanten für Sie tun können.

Fragen Sie sich: Wer kann mir bei wem am meisten helfen?

Teil III

Gestalten Sie Ihre Stimmung selbst

Erfolgsformel 17

Der Umgang mit Bremsern

Die Verwandlung ihrer Bremskraft in Antriebsenergie.

Ihr Vorankommen wird bestimmt vom Wesen und Verhalten der Menschen, mit denen Sie ständig zu tun haben. Tun Sie deshalb alles, was in Ihrer Macht steht, um mit den Menschen zusammen zu sein, die Sie ermutigen und voranbringen. Befreien Sie sich von denen, die Sie bremsen, entkräften und lähmen.
Ja, werden Sie sagen, schön wäre es, aber einige von denen gehören zum Inventar. Es sind Pessimisten, und aus einem Pessimisten werden Sie kaum einen Optimisten machen können. Solche Menschen muss man nehmen, wie sie sind.

Nein, man muss es nicht!

Hier ist ein System für den Umgang mit Menschen dieser Art! Analysieren Sie ihre Verhaltensmuster und Motive. Bleiben Sie nicht stehen bei einer charakterlichen Beurteilung. Den Charakter vermögen Sie nicht zu ändern, die destruktive Wirkung dieser Menschen sehr wohl.

Pessimisten?

Hören Sie damit auf, alle, die Sie am Vorankommen hindern, als Pessimisten zu bezeichnen. Manche sind es, andere sind es nicht. Alle sind jedoch Bremser.

Hier sind vier Bremserarten:

1. ängstliche, skeptische, misstrauische und zaghafte Menschen
2. Menschen ohne Antrieb und Initiative, gleichgültig, träge, unbeweglich, ruhebedürftig, vielleicht sogar lethargisch
3. Menschen, die fürchten, dass beim Vorangehen Defizite bei ihnen erkannt werden
4. Menschen, die keine zeitlichen Reserven mehr haben und völlig überlastet sind

Für den Umgang mit Letzteren diese Anregung: Studieren Sie ihr Arbeitsvolumen. Stellen Sie fest, an welche Projekte sie bereits gebunden sind, und treffen Sie dann gemeinsam Prioritätsentscheidungen. Das ist die Vorgehensweise, die fair ist und sich gehört.

Für die erstgenannten drei Gruppen gilt das Gleiche.

Sie verfügen über eine Einwandsautomatik. Sie sind in der Lage, ihre Abwehrformulierungen zu liefern, ohne auch nur eine Sekunde nachdenken zu müssen. Bezogen auf sie gilt die Erkenntnis: Je schwerer ein Mensch zu bewegen ist, umso schneller ist er in der Lage, die Sprüche zu produzieren, die es ihm erlauben, das Bewegtwerden zu verhindern.

Manche Bremser lähmen nur. Andere sind destruktiv.

Die erste Gruppe stiehlt den Elan. Die zweite auch das Vorhaben.

Bremser werden selten speziell.

Auf konkrete Vorschläge antworten sie mit allgemeinen Redensarten. Sie verfügen über ein Repertoire von Sprüchen, das ein mittelmäßig begabter Papagei an einem Wochenende lernen kann. Tolerieren Sie diese Floskeln nicht. Sagen Sie dem Bremser: „Werden Sie bitte konkret und speziell."

Bremser befinden sich in einer günstigen Lage.

Sie brauchen einfach nur stehen zu bleiben. Verneinung und Ablehnung kosten sie kaum Mühe. Für den Offensiven sieht es völlig anders aus. Er muss eine enorme Energie aufwenden, um gegen die Kräfte der Beharrung anzurennen. Deswegen ist es für ihn so wichtig, Methoden für die Überwindung von „Verneinungssystemen“ zu entwickeln.

Jeder, der vorankommen will, braucht ein Ziel und eine Vorgehensweise.

Der Bremser wendet sich meist gegen die Vorgehensweise. Fragen Sie ihn: „Sind Sie gegen das Ziel oder gegen die Art des Vorgehens?“

„Sollten Sie das Ziel für falsch halten, dann möchte ich wissen:
Was spricht aus Ihrer Sicht dagegen?
Welche Nachteile und Gefahren sehen Sie?
Welches Ziel würden Sie wählen?“

„Wenn Sie gegen die geplante Vorgehensweise sind, dann möchte ich wissen:

- Was finden Sie an dieser Vorgehensweise gut?
- Was gefällt Ihnen nicht?
- Was würden Sie anders machen?“

Bremser fürchten negative Reaktionen anderer.

Also weisen sie immer wieder darauf hin, wie gefährlich die Reaktionen von Persönlichkeiten sein werden, von denen wir abhängig sind. Prüfen Sie die Stichhaltigkeit dieser Behauptungen mit folgenden Fragen: „Wer wird Ihrer Meinung nach negativ reagieren? Auf welche Weise? Was können wir im Vorfeld unternehmen, um solche Reaktionen zu verhindern?“

Bremser sind „Ja, aber“-Menschen.

„Ja, aber wir haben doch entschieden, Sie haben doch selbst gesagt, wir wollten doch nicht mehr ...”
Antworten Sie: „Ist das wirklich ein Grund, auf eine bessere Lösung zu verzichten?“

Gegenüber jemandem, der entschlossen versucht, jeder zusätzlichen Arbeit auszuweichen, empfiehlt sich diese Methode:

Bitten Sie ihn um eine detaillierte, schriftliche Ausarbeitung der Punkte, die gegen das Vorhaben sprechen, und gleichzeitig um die Ausarbeitung eines Alternativplans, mit dem sich das angestrebte Ziel erreichen lässt.

Die meisten Menschen gewinnen ihre Befriedigung dadurch, dass sie vorankommen und so bessere Bedingungen schaffen.

Bei den Bremsern sieht es völlig anders aus. Ihr Erfolgserlebnis ist der perfekt zustande gebrachte Bremsakt. Der pessimistische Bremser weiß intuitiv, was er tun muss, um eine bessere Stimmung zu gewinnen. Seine Erkenntnis lautet: „In dem Maße, in dem ich einen Optimisten aus der Sonne in den Schatten befördere, bewege ich mich selbst aus dem Schatten auf die Sonne zu."
Das ist der Königsweg des negativ Programmierten: Es gilt, die Positiven zu lähmen und sie ihrer Kraft, ihres Elans und ihrer Heiterkeit zu berauben. Wenn er das erreicht hat, geht es dem Negativen besser. Dann fühlt er sich wohl.

Gibt es auch „positive" Bremser?

Ja, es sind die klugen und nachdenklichen Menschen mit großer Lebenserfahrung. Sie vermögen einzuschätzen, was sich mit den vorhandenen Mitteln vollbringen lässt und was nicht. Sie sind geschulte Strategen. Sie lassen sich nicht von der hell beleuchteten positiven Hauptwirkung eines Projektes blenden, sondern erfassen auch die Nebenwirkungen.
Darüber hinaus haben sie ein gutes Empfinden für die Grenzen, die man nicht überschreiten sollte. Vielleicht werden sie deshalb auch einmal sagen: „Das Ziel ist verlockend. Der Plan ist gut. Trotzdem möchte ich abraten. Ich glaube, für uns gehört sich so etwas nicht! Das ist nicht unser Stil!"

Hören Sie auf diese „Mahner und Warner".

Sie schützen uns vor den Drahtseilakten der Hasardeure. Diese Persönlichkeiten haben nichts, aber auch gar nichts mit dem „Bremser vulgaris" gemein, dessen destruktives Wirken wir nicht hinnehmen sollten.

„Bewegende" Fragen

- **Was finden Sie an dem Vorschlag gut?**
- **Was außerdem?**
- **Was würden Sie verbessern?**
- **Worauf sollten wir verzichten?**
- **Was sollten wir hinzufügen?**

**Welchen Beitrag
werden Sie leisten,
um aus diesem Vorhaben
einen Erfolg zu machen?**

**Was motiviert
einen Pessimisten
am meisten?**

**Einem Optimisten
die Stimmung
zu stehlen.**

**Das geht nicht.
Das ging noch nie.
Das kann gar nicht gehen.**

**Das haben wir
schon einmal versucht.
Da leiden wir
jetzt noch drunter.**

**Bremser brauchen nicht
zu denken.
Sie haben einen
Floskelspeicher
auf der Zunge.**

**Das Ziel der Bremser
ist der Stillstand,
die Vernichtung
der Antriebsenergie.
Ihr Schlachtruf heißt:
„Das Ganze ... halt!“**

Erfolgsformel 18

Regen Sie sich nicht auf.

Verlieren Sie nicht die Fassung. Wahren Sie die Contenance.

Ständig passiert etwas.

Man kann sich nur noch aufregen. Ja, Gelegenheiten dafür gibt es genug. Lassen Sie alle an sich vorbeiziehen.

Sie sind vielleicht 40 Jahre alt. Also 14.610 Tage.

Wie viele von diesen Tagen waren Sie ohne Aufregung, heiter, gelassen und gelöst? Sie wissen es nicht. Sie führen nicht Buch über Ihre Aufregungen. Es reicht Ihnen bereits, dass sie da sind. Fahrlässig!

Regen Sie sich überhaupt auf?

Ja, dreimal die Woche, bisher 6.240 Mal. Ihr Leben muss sehr glücklich und ruhig verlaufen sein. Andere schaffen es, sich dreimal am Tag aufzuregen. Nehmen Sie Dr. Vesuvio Krakatau, den vulkanischen Menschen. Der bringt es auf eine Eruption stündlich.

Worüber haben Sie sich in den letzten Tagen aufgeregt?

Was hat Sie unruhig gemacht? Welche Befürchtungen haben Sie mit sich herumgetragen? Wer hat Sie gereizt und in Wut versetzt?

Wie viele Aufregungsauslöser waren neu für Sie?

Wie viele waren alte Bekannte? Auf die fallen Sie immer noch herein? Die haben immer noch Besuchserlaubnis bei Ihnen? Die haben Sie noch nicht identifiziert, neutralisiert und präventiv unwirksam gemacht?

Gehen Sie endlich professionell an das Thema „Aufregungen“ heran.

Setzen Sie sich als Ziel, unaufgeregt durch das Leben zu gehen. Werden Sie sehfähig für die Ursachen und die zerstörerische Wirkung von Aufregungen. 99 % der Ereignisse, die bei Ihnen vielleicht Aufregungen auslösen, sind nicht lebensbedrohlich. Die Reaktionen, die sie trotzdem bewirken, sind absurd.

Nehmen Sie den berühmten Käsekuchen-Schicksalsschlag.

Sie und er sind unterwegs, da sehen sie Verlockendes in einem Geschäft. Sie kaufen 14 Brötchen der Spitzenklasse und zwei Stück hinreißenden Käsekuchen. Dann fahren sie 30 Kilometer voller Vorfreude nach Hause. Sie öffnen das Verpackte und erleiden einen Schock: „Zwei Stück Käsekuchen bezahlt, nur ein Stück geliefert!“ Er: „Ich fahre sofort wieder hin!“ Sie: „Bitte nicht in diesem Zustand, nimm Dir ein Taxi!“

Viele Partnerschaften leiden darunter, dass einer der Partner unfähig ist, sich gelassen zu verhalten.

Er ist ständig aufgeregt und gereizt. Beim kleinsten Ereignis explodiert er und verliert die Fassung – wandernder Sprengstoff in menschlicher Gestalt.

Aufregungen bringen Sie außer sich.

Kaum ist die Aufregung da, beginnt das große Hin und Her und Durcheinander. Wehklagen, Jammern, Kopflosigkeit, explodierende Emotionalität. Sie können nicht mehr vernunftgemäß handeln, reagieren unangemessen und unsinnig. Zeit, Kraft und Geld werden verschwendet. Sie lassen sich zu Reaktionen hinreißen, die Ihnen dann wirklich schaden.

Der aufgeregte Mensch ist kein Gewinn für sich und andere.

Er liefert Unruhe und Unsicherheit und macht damit auch andere unfähig, sich richtig zu verhalten. Er zerstört den Optimismus, die Unternehmungslust und die Lebensfreude.

Er ist außer sich und losgelassen.

Wenn er zur Ruhe gekommen über seine Aktionen nachdenkt, kommt er häufig zu der ungläubigen Feststellung: „Ich muss verrückt gewesen sein!“ Genau das war er: „verrückt“. Nicht mehr im Lot. Nicht mehr er selbst.

Entwickeln Sie einen Stil der Gelassenheit.

Heben Sie sich von anderen ab durch Ihre Unaufgeregtheit. Lassen Sie erkennen, dass Sie sich vom Negativen nicht umwerfen und in Panik versetzen lassen. Verhalten Sie sich unverkrampft. Sprechen Sie unaufgeregt. Überschlagen Sie sich nicht. Handeln Sie nicht überstürzt. Liefern Sie die Botschaft: „Wir beherrschen die Lage!“

Machen Sie es den Reizen schwer, Ihr Innerstes zu erreichen.

Errichten Sie einen Schutzwall aus Gleichmut, Gelassenheit und Kaltblütigkeit.

Als unaufgeregter Mensch führen Sie ein glücklicheres Leben.

Sie erhalten sich Ihre Gesundheit, bleiben in guter Stimmung und verlieren weder Zeit noch Kraft. Sie werden nicht abgelenkt, nehmen keine unsinnigen Kontakte auf, degradieren sich nicht und vermeiden Anschlussunfälle.

Sie bleiben fähig, klug und umsichtig zu handeln, ersparen sich unsinnige Konfrontationen und haben deshalb später auch weniger unter Schuldgefühlen und Selbstvorwürfen zu leiden.

Menschen bewundern Unaufgeregtheit und Gelassenheit.

Sie neigen dazu, sich denen anzuvertrauen, die ihnen in schwierigen und gefährlichen Situationen Sicherheit liefern. Von ihnen fühlen sie sich beschützt, und zu ihnen fühlen sie sich hingezogen.

Aufgeregtheit mindert die Reputation.

Was ein Mensch in Jahren an Ansehen, vielleicht sogar an Bewunderung aufgebaut hat, kann er in wenigen Sekunden der Aufgeregtheit verlieren.

Mehrmals am Tag geschieht etwas, was geeignet ist, Sie in Aufregung zu versetzen.

Häufig sind es Ereignisse, die Sie daran hindern, voranzukommen. Bereiten Sie sich auf diese Art von Behinderungen vor. Ihre Aufregung wird umso geringer sein, je schneller Sie zur befreienden Tat schreiten können.

Aufregung werden Sie dann vermeiden, wenn Sie wissen, wo und von wem Sie schnell Hilfe bekommen können. Organisieren Sie den Zugriff auf diese Hilfe, bevor Sie sie nötig haben. Verbessern Sie die Beziehung zu denen, die Ihnen Hilfe bieten können. Versuchen Sie bei ihnen eine Vorzugsstellung zu gewinnen.

Stellen Sie sich zu jedem Aufregungsauslöser drei Fragen:

Ist dieser Anlass es wert, sich aufzuregen?

Was muss ich unternehmen, damit er nie mehr auftritt?

Was werde ich präventiv unternehmen, um bei nicht vermeidbarem Auftreten dieses Belastungsfaktors zukünftig einfacher, schneller und bequemer reagieren zu können?

Fassen Sie diesen Entschluss:

Von heute an werde ich entschlossen um meine innere Ruhe kämpfen. Wach, präventiv und nachhaltig! Der Lohn wird gewaltig sein.

Zündstoff

- Sie müssen warten.
- Sie müssen suchen.
- Sie haben etwas verloren.
- Ihre Werkzeuge funktionieren nicht.
- Sie haben etwas vergessen.
- Sie werden degradiert.
- Sie werden übervorteilt.
- Sie werden bestohlen.
- Sie kommen unter Zeitdruck.
- Sie finden niemanden, der Ihnen hilft.
- Sie geraten an Unprofessionalität.

Dr. Vesuvio Krakatau:

**Stündlich
eine Eruption.**

**Explodieren Sie
nur noch
kontrolliert
und geplant.**

**Verwandeln Sie sich
von Nitroglycerin
in Dynamit.**

**Machen Sie
aus einer Mücke
keinen Elefanten.
Retten Sie Ihr Porzellan.**

**Befürchtete
Folgen?
Übertreiben Sie nicht!**

Erfolgsformel 19

Die meisten Eigentore schießt die Zunge.

Verschwiegenheit und Diskretion.

Sie haben das Recht, etwas für sich zu behalten.

Nicht alles, was Sie wissen, müssen Sie verbreiten. Nicht alles, was Sie erfahren, müssen Sie weitergeben. Nicht alles, was Sie erdenken, müssen Sie verschenken.

Als offener Mensch müssen Sie nicht auch ein offenes Buch sein.

Diskretion und Verschwiegenheit liefern Ihnen Sicherheit und erhalten Ihnen die Freiheit. Nur das, was Sie für sich behalten, ist auf Ihrer Seite und vermag sich nicht gegen Sie zu wenden.

Entwickeln Sie Diskretion und Verschwiegenheit zu zentralen Elementen Ihres Wesens.

Über einen angesehenen Unternehmer, den wir alle kennen und von dem wir wenig hören, heißt es: „Seine absolute Diskretion machte ihn auch in heikelsten Fragen immer wieder zum gesuchten Gesprächspartner!"

Der indiskrete Mensch ist eine Gefahrenquelle erster Ordnung.

Für andere und sich selbst.

Denken Sie an die Indiskretions-Desaster der letzten Jahre.

Kluge und erfahrene Menschen zogen sich selbst den Boden unter den Füßen weg. Für Sekunden fehlte Ihnen die Wachheit und Disziplin, um Ihre Zunge im Zaum zu halten. Monate schlafloser Nächte waren die Folge. Die Selbstvorwürfe vermögen wir nur zu ahnen:

- Wie konnte ich das preisgeben?
- Was hat mich dazu gebracht?
- Wer hat das Mikrofon angelassen?

Viele versuchen in unsere persönliche Sphäre einzudringen. Sie wollen alles über uns erfahren:

- wer wir sind und was wir sind,
- was wir denken und tun,
- was wir haben und vorhaben,
- wo wir sind und wohin wir uns bewegen.

Wir werden beobachtet, ausgeleuchtet und erfasst.

Müssen wir dabei auch noch behilflich sein? Wenn Sie frei bleiben wollen, dann müssen Sie Ihre eigene Sphäre schützen und verteidigen. Vergleichen Sie diese Sphäre mit einem Grundstück. Auch das würden Sie nicht ungeplant stückweise anderen überlassen.

Was Sie mitteilen, geben Sie weg.

Was Sie äußern, gehört nicht mehr Ihnen allein. Sie haben es mitgeteilt. Was wollten Sie mit dieser „Mit-Teilung“ erreichen? Was wollten Sie für sie bekommen?

Ihr Wissen hat einen materiellen Wert.

Was hat Sie der Erwerb dieses Wissens gekostet? Was haben Sie an Zeit und Geld für das aufgewandt, was Sie gerade mit wenigen Sätzen verschenken? Was ist das, was Sie preisgeben, für den anderen wert?

Der ideenreiche Mensch ist am freigiebigsten.

Er verfügt über mehr gute Ideen, als er realisieren kann, und vermag aus dem Vollen zu schöpfen. Großzügig, enthusiastisch und ohne nachzudenken verschenkt er eine Idee nach der anderen. Ohne Dank und Anerkennung werden sie stillschweigend von anderen ergriffen und in materielle Werte verwandelt.

Was von dem, was Sie sind, wissen, erdenken, erfahren und leisten, gehört an die Öffentlichkeit?

Was wollen Sie anderen mitteilen? Womit wollen Sie im Rampenlicht stehen? Wofür wünschen Sie sich „High Visibility?“

Welches Wissen ist zu schützen?

Manche haben nur deshalb einen so großen Erfolg, weil sie nach der Strategieregel handeln: „Erfolge erzielen im Verborgenen“.

Was werden Sie für sich behalten?

- Informationen über sich selbst
- Erkenntnisse und Ideen
- Ziele und Vorhaben
- Kontakte und Erlebnisse
- Besprochenes und Erfahrenes
- gewonnene Informationen
- Erfolge und Erfolgsursachen
- Verbindungen und Quellen

General Marshall: „Wer plant, redet nicht!“
Moltke – der große Schweiger.

Teilen Sie nicht jedem mit, was Sie vorhaben. Nur wer verschwiegen ist, vermag zu überraschen.

Es reicht nicht aus, Gespräche diszipliniert zu führen.

Manchmal beginnt das Risiko bereits damit, dass Sie Kontakt zu jemandem aufnehmen. Sie sollten wissen, von wem Sie sich besser fernhalten.

Geben Sie vertraulich Erfahrenes nicht weiter.

Je mehr Vertrauliches Sie erzählen, umso mehr nimmt Ihre Vertrauenswürdigkeit ab. Je mehr Sie über andere berichten, umso mehr kommt Ihr Gesprächspartner zur Schlussfolgerung: „Ich glaube, es ist ratsam, nicht zu viel von mir zu erzählen.“

Machen Sie keine Andeutungen.

Sie sind der erste Schritt in die falsche Richtung und offenbaren dem Empfänger mehr, als Sie glauben.

Ankündigungen bringen Sie in Zugzwang.

Sie legen sich mit ihnen fest, werden an ihrer Einhaltung gemessen und schränken Ihre Handlungsfreiheit ein.

Beflissenheit löst die Zunge.

Sie liefern mehr als nötig und geben Ihre Zurückhaltung auf.

Geltungssucht jedoch ist der Hauptfeind der Diskretion.

Das Streben nach Bewunderung und Beifall führt häufig ins Verderben.

Handeln Sie nach dem „Need-to-know“-Prinzip.

Was muss der andere von Ihnen erfahren? Was nicht?

Lassen Sie Ihre Gesprächspartner mehr zu Wort kommen.

Sie gewinnen mehr mit dem, was Sie von anderen erfahren, als mit dem, was Sie anderen über sich mitteilen. Mit jedem Wort, das andere Ihnen über sich berichten, kommen Sie ihnen näher – ohne dass Sie gezwungen sind, zu viel von sich erzählen zu müssen.

Sie offenbaren sich nicht nur mit dem, was Sie sagen, sondern auch mit dem, was Sie fragen.

Fragen sind wichtige Elemente für ein Verkaufsgespräch. Wenn es aber um Themen geht, die Sie selbst betreffen, sollten Sie auch Fragen nur sehr überlegt einsetzen. Aus Ihren Fragen kann ein anderer vieles ableiten:

- Ihre Situation
- Ihre Probleme
- Ihre Befürchtungen
- Ihre Absichten
- Ihr Wissen und Können

Es gibt bewährte Methoden, um Ihnen etwas zu entlocken.

Begeisterung, Bewunderung, Komplimente, Widerstand, geäußerte Zweifel.

Erkennen Sie die Folgen fahrlässiger Äußerungen.

- Ideen gehen verloren.
- Menschen werden brüskiert.
- Freundschaften werden zerstört.
- Gefahren entstehen.
- Besorgnisse und Befürchtungen werden zu Ihren Begleitern.

Denken Sie zurück an das von Ihnen Gesagte oder Geschriebene, das Sie anschließend so gerne ungeschehen gemacht hätten.

Je besser Sie sich auf ein Gespräch vorbereiten, umso größer ist die Chance, dass Sie sich im Gespräch diszipliniert verhalten.

Planen Sie für Ihre kommenden Gespräche nicht nur, was Sie besprechen wollen. Planen Sie auch, was Sie nicht besprechen und mitteilen wollen. Sparen Sie damit Zeit, erhalten Sie sich Ihre innere Ruhe, gehen Sie weniger Verpflichtungen ein, setzen Sie sich keinen Gefährdungen aus, und schützen Sie das, was Ihnen allein gehören sollte.

Sie brauchen nicht alles preiszugeben,

- was Sie erlebt haben,
- was Sie getan haben,
- was Sie gerade tun,
- wo Sie waren,
- wo Sie sein werden,
- wen Sie getroffen und gesprochen haben,
- was Sie vertraulich erfahren haben,
- wie Sie den Gesprächspartner beurteilen,
- was Sie belastet,
- worüber Sie sich ärgern,
- woran Sie arbeiten,
- zu wem Sie Kontakt aufnehmen wollen,
- welche Erfolge Sie erzielt haben,
- was Sie an neuen Ideen haben.

Diskretion
=
schützender
Anstand

Vertrauliches
ist Feinkost
für die Zunge.

Setzen Sie
Ihre Zunge
auf Diät.

**Nicht alles,
was Sie erdenken,
sollten Sie
verschenken.**

**Erzielen Sie
Erfolge
im Verborgenen.**

Erfolgsformel 20

Ärger beginnt mit „Ä" wie „Ändern".

Was die Viren für Ihren Computer, ist der Ärger für Ihr Gehirn. Installieren Sie ein Antiärger-Programm.

Ärger vernichtet Ihre Stimmung und stiehlt Ihnen die Zeit.
Er nimmt Ihnen die Gelassenheit, degradiert Sie, lenkt Sie ab, macht Sie disziplinlos, unprofessionell und leistungsunfähig. Er fesselt Sie an ein Thema, nimmt Ihnen die Sehfähigkeit für das, was von Bedeutung ist, und hindert Sie daran, voranzukommen. Damit liefert er Ihnen einen zusätzlichen Hauptbelastungsfaktor: „unerledigte Arbeit". Wenn Sie sich ärgern, übernimmt der Alligator in Ihrem Gehirn die Führung. Er beißt, schlägt um sich und frisst Ihren Tagesplan.

Ärger treibt das Blut aus dem Gehirn in die Muskeln.
Sie können große Sprünge machen, wissen nur nicht, wohin. Kraftvoll und wütend sind Sie unterwegs als „Getriebener".

Ärger gefährdet Ihre Gesundheit und zerstört Ihre Vitalität.
Er macht die Lippen schmal, das Gesicht hart und den Magen sauer. Er vergiftet Ihre Gedanken, produziert Ängste und stiehlt Ihnen die Lebensfreude.

Was ein bescheidener Ärgeranlass auslöst, lässt sich nur bewundern.

Eine giftige Nebenbemerkung, geliefert von einem professionellen Säurelieferanten in wenigen Sekunden, kann den Empfänger dieser Bemerkung zwei Stunden arbeitsunfähig machen.

Verwandeln Sie Ihr Leben in eine ärgerfreie Zone.

„Ärgeranlässe" und „Ärgerauslöser" werden immer wieder auftauchen. Gestatten Sie es ihnen zukünftig nicht mehr, „Ärger" auszulösen.

Ärgernisse liefern Ihnen die Informations-Nutzlast und die Antriebskraft für die Rakete der Verbesserungen.

Es gibt keine andere Ideenquelle, die Sie mit einem solchen Informations- und Ideenreichtum zu versorgen vermag. Jedes analysierte Ärgernis zeigt Ihnen, was Sie bisher nicht zweckmäßig gestaltet haben, was Sie unprofessionell handhaben und was Sie daran hindert, schneller voranzukommen.

Gehen Sie an jeden ärgerlichen Vorfall mit dieser Reaktionsautomatik heran:

- Was ist passiert?
- Aus welchen Gründen?
- Welcher Schaden ist entstanden?
- Wie lässt sich dieser Schaden begrenzen?
- Was werden wir tun, damit ein Ärgernis dieser Art in der Zukunft nicht mehr vorkommt?

Ärgerursachen, für die Sie selbst verantwortlich sind:

- Unordnung
- Vergesslichkeit
- schlechte Zeiteinteilung
- Hetze und Hektik
- Verzögerungssucht

- mangelhafte Kommunikation
- schlechte Dokumentation
- mangelnde Kennzeichnung
- unzureichende Vorbereitung
- übertriebene Mitteilungssucht
- fahrlässige Zusagen
- überstürztes Handeln

Ärgerursachen, die von anderen ausgehen:

- Missachtung und Verletzung Ihrer Rechte
- mangelnde Fairness
- Nichteinhaltung der Spielregeln
- fehlender Respekt
- Kränkung und Degradierung
- unberechtigte Kritik
- Nichteinhaltung von Zusagen
- Unpünktlichkeit
- Langsamkeit und Unprofessionalität
- Behinderung beim Vorankommen
- Beschädigung Ihres Eigentums
- die Umtriebe der Tölpel

Nehmen Sie nicht jeden Ärger an, den andere Ihnen liefern möchten.

Hier ist die berühmte Geschichte des Mannes, der sich nicht reizen ließ:

Er schreibt: „Ich stehe auf einem Bahnsteig in Prag, um mit dem Schlafwagen nach Frankfurt zu fahren. Ein deutscher Zugbegleiter nähert sich. Ich sage zu ihm: ‚Guten Abend. Darf ich Sie etwas fragen?’ Er antwortet: ‚Nein!’ und verschwindet im Zug.

Nach zehn Minuten taucht er wieder auf und wartet erkennbar auf meinen Gegenschlag. Doch der kommt nicht. Ich zeige ihm die Fahrpapiere. Er sagt: ‚Die sind falsch ausgestellt. Eine Reservierung für Sie existiert nicht.’ Ich sage: ‚Schade, aber vielleicht habe ich Glück!’

Er darauf: ‚Ich weiß nicht, ob Sie Glück haben, ich kann Ihnen nur sagen, dass in einem Doppelabteil noch ein Bett frei ist!’ Meine Antwort: ‚Sehen Sie, ich habe also Glück!’ Ich steige ein, stehe auf dem Gang. Er ist sofort wieder da mit den Worten: ‚Warum stehen Sie hier?’ Ich antworte: ‚Weil ich leider nicht weiß, wo ich hin soll!’ In diesem Augenblick wird ihm klar, dass es sinnlos ist, auf ein Streitgespräch mit mir zu hoffen. Er ändert sein Verhalten komplett, schließt sein Dienstabteil auf und sagt: ‚Nehmen Sie bitte erst einmal hier Platz!’
Nach einer Minute bringt er ein Glas Orangensaft und weist darauf hin, dass er auch noch ein Sandwich für mich reservieren würde. Anschließend teilt er mit:
‚Ich garantiere Ihnen, dass Sie das reservierte Bett bekommen. Es kommt kein anderer Fahrgast mehr.’
Von Kilometer zu Kilometer wird das Verhältnis herzlicher. Kurz vor Frankfurt erscheint er wieder: höflich, konzentriert und extrem ernst. Etwas stockend sagt er: ‚Darf ich Sie einmal etwas sehr Persönliches fragen ...? Wären Sie gegebenenfalls bereit, mich zu adoptieren?’“

Das kommt dabei heraus, wenn Sie sich nicht reizen lassen.

Werden Sie also wach, für das, was Sie reizt, und stellen Sie Ihre persönliche Reizbarkeits-Liste zusammen. Ermitteln Sie die Behinderungen, Ereignisse und Personen, die immer wieder Ärger bei Ihnen auslösen.
Was sind Ihre fünf größten, geradezu chronischen Ärgerauslöser? Was behindert Sie? Was stört Sie? Was reizt und ärgert Sie immer wieder?

Organisieren Sie sich besser.

Das Ziel ist es, ohne Ablenkung, Unruhe und Hektik voranzukommen. Ärger entsteht immer dann, wenn Sie etwas unter Zeitdruck erreichen müssen und dabei gebremst werden. Je schneller Sie vorankommen, umso weniger gelingt es dem Ärger, Sie einzuholen.

Umgeben Sie sich mit professionellen Partnern.

Halten Sie sich von denen fern, die unzuverlässig und zu wenig professionell sind.

Verbessern Sie Ihre Kommunikation.

Ärger ist häufig das Ergebnis von Missverständnissen, besonders bei einer „nur-mündlichen“ Kommunikation. Kommunizieren Sie also mehr schriftlich. Machen Sie es anderen bequem, ihre Verpflichtungen Ihnen gegenüber zu erfüllen.

Verbessern Sie Ihre Dokumentation.

Schreiben Sie sich mehr auf. Sauber, gut gegliedert und lesbar. Verhindern Sie, dass Sie suchen müssen. Speichern Sie alles so, dass Sie es auf Anhieb finden.

Ärgern Sie sich nicht vorbeugend.

Sie erwarten etwas Negatives, das Gegenteil tritt ein. Schade um den schönen Ärger vorher.

Handeln Sie nicht immer in letzter Minute!

Buchen Sie frühzeitig. Melden Sie sich frühzeitig an.

Lösen Sie keinen Streit wegen lächerlicher Dinge aus.

Seien Sie großzügiger. Nehmen Sie nicht jedes Recht wahr. Verzichten Sie auf Themen, wenn sie nichts anderes bringen als Ärger.

Ärgern Sie sich nie mehr über das Verhalten anderer im Straßenverkehr.

Der Straßenverkehr ist die Fortsetzung des Krieges mit anderen Mitteln. Und die Radfahrer sind die Partisanen.

Verbannen Sie Ärger auslösende Gegenstände aus Ihrem Blickfeld.

Umgeben Sie sich mit Dingen, die eine positive Stimmung bei Ihnen auslösen.

Nehmen Sie Belästigungen nicht zu lange hin.

Unternehmen Sie nicht erst dann etwas dagegen, wenn Ihre Kampfkraft bereits ruiniert ist. Mehr Zivilcourage – weniger Ärger!

Solange Sie lächeln, sind Sie unfähig, sich zu ärgern.

Also lächeln Sie mehr. Sie erinnern sich: Für ein ernstes Gesicht brauchen Sie 65 Muskeln, zum Lächeln nur 10. Warum wollen Sie sich überanstrengen?

Bei vielen Ärgernissen ist der materielle Schaden gering.

Als gigantisch wird jedoch das Verhalten des Verursachers empfunden. Seine Impertinenz und Rücksichtslosigkeit. Es ist der Verursacher, und nicht das Verursachte, was die wildesten Gefühlsbewegungen auslöst. Konzentrieren Sie sich zukünftig mehr auf die Wahrnehmung des wirklich entstandenen Schadens und weniger auf die charakterliche Beschaffenheit des Verursachers. Der ist, wie er ist.

Hören Sie auf, anderen gegenüber über das zu reden, was Ihnen wieder einmal passiert ist. Berichten Sie weniger, ändern Sie mehr.

Legen Sie sich auf Ihren Schreibtisch eine Antiärger-Liste. Tragen Sie die Ärgernisse ein. Schreiben Sie daneben, was Sie tun werden, um ihnen in Zukunft nicht mehr begegnen zu müssen.

Antiärger-Liste

Ärgernis	Wie zukünftig vermeiden

Was die Viren
für Ihren Computer,
ist der Ärger für Ihr Gehirn.

Ihren Computer
können Sie ersetzen.
Ihr Gehirn nicht.

Installieren Sie deshalb
ein Antiärger-Programm.

Ärger ist ein Alligator.
Er haust in Ihrem Gehirn,
und wenn Sie sich reizen lassen,
geht er Ihnen an den Zwirn.

Ärgern Sie sich nicht mehr täglich.
Schaffen Sie einen Ärgertermin pro Woche.

Ärgern Sie sich nur noch mittwochs von 9:30 bis 10:15 Uhr.

Wer schlagfertig ist, ärgert sich weniger.
Und die meisten von uns sind unglaublich schlagfertig.

Das Ärgerliche dabei: mit einer zeitlichen Verschiebung von 30 Minuten.

Teil IV

Erhalten Sie sich Ihre Freiheit

Erfolgsformel 21

Freiheit ist das Glück des Lebens.

Freiheit jetzt – und Freiheit in der Zukunft.

Freiheit ist das große Ziel:

„Irgendwann werden wir es geschafft haben. Dann werden wir frei sein und selbst entscheiden können, was wir tun und lassen wollen. Wir werden uns aus Verknüpfungen und Verpflichtungen gelöst haben und niemandem mehr Rechenschaft ablegen müssen. Keiner wird uns mehr sagen können, was wir zu tun haben. Wir werden frei sein, uns dort aufzuhalten, wo es uns gefällt, und wir werden einen Spielraum besitzen, der es uns erlaubt, nicht ständig an Grenzen und Begrenzungen zu stoßen."

Was für eine begeisternde Vorstellung!

Wann werden Sie die Voraussetzungen für diese große, fast absolute Freiheit geschaffen haben? Wie viele Jahre werden Sie dafür noch brauchen? Wie alt werden Sie dann sein und wie werden Ihre Familienverhältnisse aussehen?

Wie frei werden Sie bis dahin sein?

Werden es Jahre der begrenzten Freiheit sein, erträglich gemacht durch das Ziel der kommenden „großen" Freiheit? Wird Ihr Motto für die kommenden Jahre lauten: „Von der Fron zur Freiheit" oder werden

Sie auch in diesen Jahren entschlossen darum kämpfen, Ihre Freiheit auszubauen?
Werden Sie „Freiheit" nur als Wunschbild vor sich sehen oder den Ausbau Ihrer Freiheit zu einer täglichen Aufgabe machen? Freiheit kommt nicht von allein. Sie müssen sie erringen: Schritt für Schritt, Tag für Tag und in einzelnen Portionen.
Fragen Sie sich bei allem, was Sie täglich tun – bei Gesprächen, Telefonaten und dem, was Sie schreiben –, bei allem, was Sie anfangen, beenden oder verändern: „Bringt das für mich eine Freiheitsminderung oder einen Freiheitsgewinn?"

Nehmen Sie sich an jedem Abend Zeit für eine Freiheitsanalyse:

- „Wovon habe ich mich heute befreit?
- Was habe ich für die Zukunft erleichtert?
- Welchen Freiheitszuwachs habe ich heute erzielt?"

Fragen Sie sich aber auch: „Welche Freiheitsminderung habe ich heute auf mich genommen, weil ich zu wenig aufmerksam, mutig und entschlossen war, zu wenig vorbereitet oder weil mir Schutzsysteme in der Form überzeugender Ablehnungsbegründungen fehlten?"

Das Credo für Ihren Freiheitskampf:

„Ich werde es nie mehr zulassen, dass eine Person, eine Tätigkeit oder ein Gegenstand so beherrschend von meinen Gedanken Besitz ergreift, dass ich nicht mehr die Freiheit habe, an etwas anderes zu denken. Ich werde ermitteln, wo diese Art von ‚Ergriffensein' bei mir existiert, und mich entschlossen davon befreien."

Jeder von uns befindet sich in einem Kessel.

Ringen Sie sich dazu durch, die materiellen und die zeitlichen Opfer zu bringen, die nötig sind, um aus diesem Kessel auszubrechen und sich Ihre Freiheit zu erobern. Häufig brauchen Sie nur etwas von Ihrer gewohnten Bequemlichkeit aufzugeben.

Verkürzen Sie eine überdehnte Frontlänge.

Beenden Sie die Verzettelung. Geben Sie bestimmte Tätigkeitsgebiete auf. Werden Sie frei für gewinnbringendere Gebiete.

Laufen Sie keinen Phantomzielen hinterher.

Durchdenken Sie bei allen Ihren Zielen, ob diese den erforderlichen Einsatz wert sind. Kissinger: „Kaum etwas ist tragischer, als nach vielen Jahren der Mühe und des Kampfes ein Ziel erreicht zu haben, um dann feststellen zu müssen, es war es nicht wert!"

Gehen Sie ein Minimum an Verpflichtungen ein.

Prüfen Sie bei jeder Verpflichtung das Ausmaß und die Form der Freiheitsbeschränkung, die sie mit sich bringt. Schreiben Sie das auf.

Seien Sie vorsichtiger bei der Wahl Ihrer Partner.

Die großen Freiheitsbedrohungen entstehen dadurch, dass Sie den oder die falschen Partner wählen. Partnerwahl ist eine Schlüsselentscheidung im Hinblick auf Ihre zukünftige Freiheit.

Schließen Sie keine Verträge ab, die Ihre Freiheit auf unzumutbare Weise beschränken.

Fehlt in einem Vertrag die Fairness, dann wird es auch bald mit der Freiheit zu Ende sein.

Lassen Sie sich nicht unterwandern.

Lassen Sie sich kein schlechtes Gewissen beibringen. Unterwerfen Sie sich nicht den Tabus, die andere nur deshalb geschaffen haben, um Macht über Sie auszuüben.

Werden Sie unabhängig.

Stellen Sie fest, für welche Arbeiten Sie auf die Hilfe anderer angewiesen sind. Lernen Sie es, diese Arbeiten selbst erledigen zu können.

Lassen Sie sich weniger von Ihrem Apparat beherrschen.

Er soll Ihnen als Zugmaschine dienen und nicht als Eisenkugel am Bein. Je größer Sie den Apparat werden lassen, umso mehr von Ihrer Offensivkraft und Ihrem Handlungsvermögen wird er verschlingen.

Bändigen Sie das Chaos.

Gehen Sie den befreienden Weg vom Komplizierten zum Einfachen. Bringen Sie mehr Disziplin in Ihr Denken, Ihre Sprache und Ihr Verhalten.

Wer zögert, ist verloren.

Schieben Sie das, womit Sie sich befreien wollen, nicht Monate und Jahre vor sich her. Tun Sie es endlich!

Betreiben Sie Prävention.

Schreiben Sie sich die Situationen auf, die entstehen könnten. Bereiten Sie sich auf diese Situationen vor. Handeln Sie so, als ob Sie fest damit zu rechnen hätten, dass diese Situationen eintreten.

Setzen Sie nicht alles auf eine Karte.

Versuchen Sie, eine Alternative zu haben. Werden Sie unabhängig davon, dass ein bestimmtes Ergebnis eintreffen muss, weil Sie sonst Ihre Freiheit verlieren.

Nehmen Sie nur das, was Ihnen nutzt.

Kämpfen Sie nicht darum, das Falsche zu erlangen, nur weil andere sich so wehren, es Ihnen zu überlassen.

Nehmen Sie nicht jeden Anspruch wahr, den Sie besitzen.

Was nutzt Ihnen der materielle Aspekt dieses Anspruches, wenn dessen Wahrnehmung Sie um große Teile Ihrer Freiheit bringt?

Lassen Sie sich nicht aus Gier verleiten, Ihre Freiheit zu verlieren.

Das, was sich scheinbar leicht gewinnen lässt, wird Sie am Schluss am meisten kosten. Halten Sie sich also an die Kardinaltugend der Mäßigung.

Geraten Sie nicht in die Eitelkeitsfalle.

Bekämpfen Sie die Geltungssucht. Sie macht Sie abhängig vom Verhalten und vom Urteil anderer über Sie und gleicht einem Nasenring, mit dem Sie es anderen erlauben, Sie durch die Arena zu ziehen.

Mischen Sie sich weniger ein.

Verknüpfen Sie sich nicht fahrlässig. Liefern Sie nicht zu jedem Ereignis einen Kommentar. Halten Sie sich entfernt, geschützt und getarnt. Sie müssen nicht überall zu sehen sein.

Werden Sie verschwiegener.

Seien Sie niemals indiskret. Indiskretion gehört zu den größten Risikofaktoren für den Verlust der Freiheit.

Halten Sie sich mit Ankündigungen zurück.

Geben Sie keine Absichtserklärungen ab. Machen Sie keine fahrlässigen Versprechungen. Sprechen Sie keine Drohungen aus. Alles das würde Sie binden.

Fragen Sie nicht andauernd um Rat.

Stellen Sie keine Fragen, wenn Sie die Antworten bereits wissen oder sich bequem selbst beschaffen können.

Erlernen Sie die Kunst der freundlichen Ablehnung.

Lernen Sie es, definitiv abzulehnen, auf eine plausible und liebenswürdige Weise, die einen anderen nicht verletzt.

Verzichten Sie auf vorauseilenden Gehorsam.

Setzen Sie sich nicht unter Erklärungszwang. Verfallen Sie nicht der Handschellensucht. Erlernen Sie die Kunst des arglosen Missverstehens: „Ich wusste leider nicht, dass ich hier vorher hätte fragen müssen!“

Lassen Sie Ressentiments bei sich nicht zu.

Lernen Sie es, mit Ärger klüger und emotionslos umzugehen. Solange Sie sich über jemanden ärgern, sind Sie mit ihm verbunden und damit unfrei.

Kämpfen Sie um Termine, die auch Ihnen passen.

Kämpfen Sie um die Zeit, die Sie brauchen, um ein gutes Ergebnis liefern zu können.

Lassen Sie sich nicht in eine Warteposition zwingen.

Verhindern Sie, dass Sie auf andere warten müssen. Vereinbaren Sie, dass Sie sich melden werden. Warten bindet und macht Sie unfrei.

Befreien Sie sich von Ballast.

Je mehr Gewicht Sie zu schleppen haben, umso weniger frei fühlen Sie sich. Befreien Sie Ihr Sichtfeld um die Gegenstände, die Ihnen als Sender ständig die Botschaft übermitteln: „Halt! Sie haben noch eine Verpflichtung, Sie sind noch nicht frei!“ Die Erinnerung an das, was Sie noch zu tun haben, können Sie auf andere Weise organisieren.

Was treibt Ihr materieller Besitz mit Ihnen?

Es heißt: „Die Dinge sitzen im Sattel und reiten die Menschheit!“ Viele Arten des Besitzes agieren als Diktatoren gegenüber ihren Besitzern. Emerson hat es veranschaulicht: „Wer sich eine Kuh leistet, wird von ihr gemolken!“

Die wahren Freiheitsexperten sind die Hunde.

Sie lassen dem Menschen den Glauben: „Wir halten uns einen Hund!“ Der Hund genießt und bellt. Er weiß, er hält sich einen Sponsor.

Befreien Sie sich von Gedanken, die Sie unter Druck setzen.

Lassen Sie es nicht zu, dass diese Gedanken nur in Ihrem Gehirn vagabundieren. Bannen Sie das, was Sie bedrückt, auf Papier. Fesseln Sie es an ein anderes Medium und gewinnen Sie einen freien Kopf.

Kultivieren Sie Ihre Sparsamkeit.

Senken Sie Ihre Kosten. Freiheit ist die Freiheit von Fixkosten. Sparsamkeit ist der Königsweg zur Freiheit.

Legen Sie Zeiten fest, die nur Ihnen gehören.

Lassen Sie niemanden in diese Zeiten einbrechen. Setzen Sie die Türklinke unter Strom.

Erfassen Sie die dunkle Seite der Sicherheit.

Jeder von uns möchte Sicherheit. Leider erscheint sie meist mit einer Begleiterin, der Bevormundung. Lebensklugheit besteht darin, die für sich richtige Mischung von Freiheit und Sicherheit zu finden.

Freiheit ohne Risiko gibt es nicht.

Wenn Sie nicht bereit sind, Risiken einzugehen, werden Sie Freiheit nie gewinnen.

Verweigern Sie sich keiner Freiheitslösung.

Beginnen Sie, sich mit dem Gedanken anzufreunden, dass eine Lösung, die Sie bisher kategorisch abgelehnt haben, möglicherweise eine ist, die Ihnen den größten Freiheitsgewinn bringen könnte. Fragen Sie sich also: „Warum habe ich diese Lösung bisher immer abgelehnt? Was hat mich an ihr gestört? Was habe ich im Zusammenhang mit ihr befürchtet?"

Und nun der wichtigste Rat:

Tun Sie mehr für Ihre Gesundheit. Sie hat den entscheidenden Einfluss auf Ihre Freiheit.

**Sprengen Sie die Routine.
Verlassen Sie die Schienen,
auf denen Sie schon so lange
fahren.**

**Legen Sie neue Schienen,
und wählen Sie die richtige Richtung:
„Destination Freiheit“.**

**Die Königin
der Freiheitsfragen:**

**Warum
überhaupt?**

Der Freiheitsgewinn des Tages?

Von welchen Problemen,
Verpflichtungen,
Beschränkungen
und Belastungen
habe ich mich heute befreit?

Was Sie besessen
festzuhalten suchen,
hat Sie erbarmungslos im Griff.

Lassen Sie es endlich los.
Das ist die einzige Chance
für Sie,
um frei zu werden.

Erfolgsformel 22

Wählen Sie Ziele, die sich für Ihr Leben lohnen.

Folgen Sie dem Stern Ihrer Bestimmung.

Mit Zielen definieren Sie Ihre persönliche Zukunft.
Ihre Positionierung, Ihre Lage, Ihre Art zu leben und leben zu können, Ihre Unabhängigkeit und Ihr Freiheitsvolumen.

Ziele sind angestrebte Ergebnisse.
Sie wirken als Ursachen vom Ende her. Je größer der Lohn des erreichten Ziels erscheint, umso größer ist die gelieferte Antriebskraft.

Ziele sind immer Zwischenziele.
Ist das Ziel erreicht, erzwingt es die Festlegung neuer Ziele. Viele vergessen diese Tatsache. Sie glauben, dass mit dem erreichten Ziel alle vorhandenen Probleme verschwunden sind und neue nicht wagen würden, sich sehen zu lassen.
Das ist naiv und zu kurz gedacht. Es ist der Verzicht darauf, die Dinge zu Ende zu denken und dann weiter vom Ende her zu denken, nämlich ausgehend von der mutmaßlichen Lage nach der Erreichung des Ziels.

Ziele dienen zwei Aufgaben:

1. Sie sollen dabei helfen, das Bewahrenswerte zu erhalten, zu sichern, zu stabilisieren und auszubauen.
2. Sie sollen uns von den jetzigen Problemen, Belastungen und Bedrohungen befreien und uns Bedingungen liefern, die uns mehr Sicherheit geben und uns dabei helfen, so zu leben, wie wir uns das wünschen.

Dem Satz „Wir müssen uns Ziele setzen!“ fehlt etwas.

Es sollte heißen: „Wir müssen mit größter Umsicht, Sorgfalt und Klugheit versuchen, die richtigen Ziele zu finden und uns nicht auf die falschen Ziele einzulassen.“ Stellen Sie sich dazu bei jedem Ziel, mit dem Sie sich befassen, folgende Fragen:

- Was will ich damit sichern, erhalten und ausbauen?
- Von welchen Problemen, Belastungen und Bedrohungen will ich mich mit der Schaffung neuer Bedingungen befreien?
- Welchen Einfluss, welche Machtmöglichkeiten, welchen Handlungsspielraum und welches Erfolgspotenzial will ich mit den neu zu schaffenden Bedingungen gewinnen?
- Welche unerwünschten Wirkungen werden in Begleitung der von mir begrüßten Wirkungen auftreten?
- Werde ich nach Erreichung des Ziels die dann gewonnenen Früchte überhaupt ernten und genießen können oder werden mir dazu die Zeit, die Kraft und die Zuwendungsfähigkeit fehlen?
- Was kommt nach Erreichung des angestrebten Ziels? Was werde ich dann zu tun haben? Welche Ziele gilt es dann zu erreichen?

Es gibt kein Ziel, das nur positive Ergebnisse liefert.

Viele verdrängen das. Sie möchten das Positive, das ihnen das Ziel bietet, unbedingt haben. Sie möchten nicht, dass es ihnen durch die Wahrnehmung seiner negativen Elemente abhanden kommt.

Sieben Fallen, die zu falschen Zielen führen:

1. fehlende Ideen und fehlende Entschlossenheit, um in der jetzigen Lage Erfolge zu erzielen

2. das Streben, der Mühe zu entgehen, das jetzt gültige Ziel weiterzuverfolgen
3. der Glaube, dass es Ziele gibt, die einen von allen jetzigen und zukünftigen Problemen befreien
4. die Hoffnung, dass sich Bedingungen schaffen lassen, in denen man sich nicht mehr anstrengen muss und alles von selbst läuft
5. der Lockruf des Goldes – die Gier nach dem schnellen großen Gewinn
6. Geltungssucht – die Aussicht, als der Größte zu erscheinen
7. übertriebenes Sicherheitsbedürfnis

Wählen Sie nicht das falsche Ziel, nur weil es sich leichter erreichen lässt:

„Der Zug zum falschen Bahnhof steht schon da, sauber und gepflegt, mit einem eigenen Abteil und Rabatt beim Fahrpreis!“ Steigen Sie nicht ein. Nehmen Sie lieber die Mühe auf sich, sich durch den Dschungel durchzukämpfen, um den Zug zu erreichen, der Sie zum richtigen Bahnhof bringt.

Wählen Sie nicht das falsche Ziel, weil Sie die finanziellen und zeitlichen Mittel haben, sich ihm zu nähern.

„Volle Taschen, falsche Ziele! Überkapazität läuft Amok.“

Denken Sie an die Schlachtrufe aus den Jahren des Größenwahns:

„Wir kaufen, was sich kaufen lässt, und zahlen, was verlangt wird. Ob richtig oder falsch, wir können es uns leisten!“

Schließen Sie Ziele aus, die Sie zum Sklaven machen.

Ziele, die Ihre gesamte Realisierungskapazität beanspruchen und Sie gedanklich und zeitlich völlig fesseln. Auf bestimmten Gebieten werden Ihnen diese Ziele einen hohen Lohn liefern. Auf anderen Gebieten werden Sie jedoch völlig verarmen.

Mit dem Setzen eines Ziels treffen Sie eine Wahlhandlung.

Sie legen fest, was Sie wollen, und bestimmen damit, was Sie auf anderen Gebieten nicht mehr können – denn Ihre Ressourcen sind leider begrenzt.

Es gibt mehr sinnvolle Ziele als Mittel, um sie zu erreichen.

Sie können nicht jedes Ziel ansteuern, das beweisbar lohnend ist. Das Märchen mit den „drei freien Wünschen" liefert Ihnen eine gute Analogie: „drei freie Ziele". Sie haben die Qual der Wahl.

Stellen Sie sich also immer diese Fragen:

- Brauche ich dieses Ziel überhaupt?
- Ist es den erforderlichen Aufwand wert?
- Ist es den Verzicht auf ein bestimmtes anderes Ziel wert – also die entstehenden „Opportunitätskosten"?

Materielle Ziele.

Dort, wo es um den Einsatz von Ressourcen und die Erzielung materieller Ergebnisse geht, ist es selbstverständlich, mit Zielen zu arbeiten. Sie beziehen sich auf die Zuordnung der Mittel und auf erstrebte Ergebnisse wie Umsatz, Gewinn, Deckungsbeitrag, Marktanteil und Wertentwicklung.

Immaterielle Ziele.

Bei ihnen geht es um Ihre Erfolgsfähigkeit und Ihren Lebenserfolg. Ziele hinsichtlich des materiellen Erfolges beantworten die Frage: „Was will ich erreichen?"
Ziele für den immateriellen Erfolg beantworten die Frage: „Was soll aus mir werden?" Hier geht es also um Ihre psychische und physische Beschaffenheit, die Gestaltung Ihres Innenlebens und die kluge Lebensführung.
Warum nur sind wir auf den Gebieten Gesundheit, Vitalität, Energieerhaltung, Optimismus und Stimmungsgestaltung so viel weniger entschlossen, mit Zielen zu arbeiten, als im Bereich des Finanziellen?

Ändern Sie das. Beginnen Sie, Ziele zu setzen für sich selbst und für den Umgang mit sich selbst. Fügen Sie Ziele für den Umgang mit den Menschen hinzu, die Sie lieben.

Schwanken Sie nicht über Monate und Jahre zwischen zwei oder mehr Zielen, ohne sich für ein Ziel entscheiden zu können.

Betrachten Sie es als selbstverständlich, dass Ihnen jedes Ziel Vorteile, aber auch Nachteile bringt. Suchen Sie nicht vergeblich nach dem Ziel, das überhaupt keine Nachteile hat. Gehen Sie kraftvoll auf das optimale Ziel los und verschwenden Sie nicht Ihre Lebenszeit mit Wanderungen von einem Startloch zum anderen.

Meine Ziele?

- Meine Einkünfte, meine Ersparnisse und meine Vermögensbildung?
- Meine Positionierung, mein Leistungsangebot und die Qualität meiner Leistungen?
- Meine Zeitverwendung?
- Meine Kontakte, Verbindungen und Kooperationen?
- Mein Kommunikationsverhalten?
- Meine Unterstützung anderer?
- Meine Weiterbildung, Informationsbeschaffung und Ideengewinnung?
- Meine Gesundheit, Vitalität und Fitness?
- Meine Zufriedenheit, mein Optimismus und meine Lebensfreude?
- Meine persönliche Lebensführung und die Gestaltung unseres Familienlebens?

Ohne Ziele beherrscht der Zufall Ihr Leben.

Er bestimmt, wo Sie landen und was aus Ihnen wird.

Ziele sind Zwischenziele. Jedes Ziel ist das Sprungbrett zur nächsten Stufe.

Die Auswahl der Ziele ist die Auswahl der Sprungbretter.

**Ziele sollten zueinander passen.
Sinnlos ist die Ausbildung zum Fuchs,
wenn Sie als Nachtigall arbeiten wollen.**

**Viele wählen das falsche Ziel,
weil es sie weniger Mühe kostet.
Sie kommen am falschen Bahnhof an,
doch war der Fahrpreis günstig.**

Erfolgsformel 23

Was Sie in der Gegenwart sparen, brauchen Sie in der Zukunft nicht zu verdienen.

Wir „müssen" sparen.

Mit dieser sprachstrategisch unklugen Formulierung wird das Thema Sparen unterminierend angegangen.

„Müssen" demotiviert.

Es hat nichts Erfreuliches und Bewegendes zu bieten. Nur Zwang und Notwendigkeit: „Wir müssen sparen!" Denken Sie an den Gesichtsausdruck, den dieser Appell verursacht. Und an die Gemütslage. Frei nach Schiller: „Die schönen Tage in Aranjuez sind nun zu Ende!"

Sparen ist eine kreative Aktivität. Was sie bewirkt, ist begeisternd:

- das Finden der wirtschaftlichsten Lösung
- das Ziel zu erreichen mit geringstem Aufwand
- nicht mehr einzusetzen als nötig
- auszukommen mit den vorhandenen Mitteln
- nichts zu verschwenden, was einmal mit Mühe erarbeitet wurde
- nicht nur für die Gegenwart zu sorgen, sondern auch für die Zukunft

Was für eine Kunst, Könnerschaft, Disziplin, aber auch Eleganz!

Sparen führt zur Freiheit.

Es schafft Reserven und mit ihnen Handlungsfähigkeit, Unbesorgtheit und innere Ruhe.

Was Sie am heutigen Tag sparen, schenken Sie einem zukünftigen.

Ohne Sparsamkeit müsste jeder kommende Tag für sich selbst sorgen. Von diesem Zwang befreien Sie ihn und sich. Sie verzichten auf das, was Sie jetzt gerne hätten, und geben damit einem zukünftigen Tag das, was er braucht. Sie unterlassen jetzt das nicht unbedingt Nötige, um in der Zukunft das Nötige tun zu können.

Stellen Sie bei jeder Ausgabe die Freiheitsfrage.

Gewinnen wir damit mehr Freiheit oder schränken wir unsere Freiheit ein?

Es wird bewusst von „Ausgaben“ und nicht von „Kosten“ gesprochen.

Denn es geht darum, für die Beweggründe, die Umstände und vor allem den „Akt des Ausgebens“ wahrnehmungsfähig zu werden.

Sparen ist angewandte Disziplin.

Zum Sparen gehören Selbstbeherrschung, Wachheit, Kreativität und strategische Klugheit. Wer zu sparen vermag, ist ein Könner auf vielen Gebieten.

Aus einem Verschwender wird nie ein Profi.

Vielleicht erhält er Applaus, aber der muss von anderen teuer bezahlt werden.

Zum Wesen des Lebens gehören die Fülle von Problemen und die Knappheit der Mittel.

Mit den Mitteln sind gemeint: Zeit, Kraft und Geld. Bei Ersteren ist die Knappheit offensichtlich. Beim Geld nicht immer. Hier gibt es Lebensabschnitte, in denen es manchen als möglich erscheint, sich nicht sparsam verhalten zu müssen. Sie genießen das und gehen davon aus, dass es so bleibt.

Wenn Sie Ihr Leben in Freiheit führen wollen, müssen Sie es in seiner Gesamtheit sehen.

Sie haben ein Leben, ein Lebenseinkommen, und dieses muss für Ihre Lebenszeit reichen.

Was haben Sie in Ihrem Leben bisher verdient?

Wie viel haben Sie ausgegeben? Wie viel haben Sie gespart und investiert, so dass es inzwischen für Sie verdient?

Wie viel werden Sie in Ihrem Leben noch verdienen?

Wie viel werden Sie noch brauchen?

Viele belasten ihre Zukunft, indem sie sich in der Gegenwart alle Wünsche erfüllen.

Verzicht ist ihnen fremd. Die aus ihrem Verhalten resultierenden späteren Abhängigkeiten und Freiheitsverluste verdrängen sie oder schieben sie unwillig beiseite.

Die Tatsache, dass Sie sich etwas leisten können, ist kein Grund, das auch zu tun.

Schwer wird es, sparsam zu handeln, wenn die Mittel nicht knapp sind oder nicht knapp zu sein scheinen. Das ist eine Situation, in der Klugheit, Integrität und Disziplin gefragt sind.

Der Umgang mit knappen Mitteln will gelernt sein.

Entwickeln Sie einen Sparsamkeitsstil. Er ermöglicht es Ihnen, ohne dass Sie lange nachdenken müssen, in jeder Situation die ökonomisch sinnvolle Entscheidung zu treffen – unter der Voraussetzung, dass Sie bei allem, was Sie tun, hellwach sind für das, was gerade geschieht.

Sparsames Handeln ist verantwortungsvolles Handeln.

Das fällt denen leichter, die das Geld, das Sie ausgeben, selbst verdienen müssen. Wer hingegen über nicht selbst verdientes Geld verfügen darf, die Macht besitzt, zusätzliche Mittel anzufordern und Schulden zu machen zu Lasten Dritter, zeigt uns, wie schwer es ist, unter diesen Umständen sparsam zu handeln.

Sparen Sie bei allen Ressourcen, nicht nur bei den finanziellen.

Zwischen dem Finanziellen, Ihrer Zeit und Ihrer Energie besteht eine Wechselbeziehung. Wenn Sie mit Ihrer Zeit unwirtschaftlich umgehen, hat das einen Einfluss auf Ihre finanzielle Situation. Wenn Sie Ihre Energie verschwenden, gilt das Gleiche.

Stattdessen?

Fragen Sie sich, wenn Sie eine Ausgabe überdenken, nicht nur: „Sollte ich darauf verzichten?“ Fragen Sie sich immer auch: „Wofür könnte ich das Geld stattdessen einsetzen?“
Wenn Sie nur die erste Frage stellen, kommen sofort die Assoziationen: Knappheit, Einschränkung, sparen müssen, sich etwas nicht mehr leisten können. Kaum stellen Sie die zweite Frage, steigt jedoch die Stimmung. Es erscheint der Katalog der Möglichkeiten, mit allem, was sie an Positivem zu bieten haben.

Denken Sie nicht nur an die Anschaffung, sondern auch an deren Folgen.

Anschaffungskosten entsprechen dem kleinen Finger, Folgekosten der ganzen Hand. Anschaffungskosten haben häufig etwas Verlockendes. Folgekosten sind und bleiben Fesseln. Die Reduzierung, vielleicht sogar die Vermeidung von Folgekosten, das sind lohnende Ziele!

Es gibt drei Ausgaben-Arten.

- Die erste bringt Ihnen etwas,
- die zweite bringt Ihnen nichts,
- die dritte schadet Ihnen.

Legen Sie für jede dieser drei Arten eine Liste an!

Sparsamkeit zahlt sich aus.

Selbst bei den kleinsten, regelmäßig gesparten Beträgen kommen beeindruckende Summen zustande.

Hier ein Beispiel:

Wenn Sie bei einem Jahreszins von 5 % fünf Euro pro Tag sparen, haben Sie mit Zins und Zinseszins

nach 10 Jahren: 23.363,36 Euro,
nach 20 Jahren: 61.763,84 Euro.

Sparstrategie

- Simulieren Sie Knappheit. Setzen Sie Zeit und Geld nicht nur deshalb ein, weil Sie darüber verfügen.
- Ermitteln Sie die Ausgaben, die Ihnen nichts bringen oder Ihnen vielleicht sogar schaden.
- Rechnen Sie jede Ihrer Ausgabenarten hoch auf zehn Jahre.
- Stellen Sie sich bei allem, was Zeit und Geld kostet, zwei Fragen: „Warum überhaupt?“ „Was stattdessen?“
- Gehen Sie nicht nur mit finanziellen Mitteln sparsam um, sondern auch mit Ihrer Zeit und Ihren Kräften.
- Prüfen Sie, was die Tätigung einer finanziellen Ausgabe zusätzlich an Zeit und Energie verbraucht.
- Bestimmen Sie, was Sie wofür auszugeben bereit sind.
- Setzen Sie zum Erreichen Ihrer Ziele mehr von dem ein, was nie knapp wird und was Sie nicht erst erarbeiten müssen: Freundlichkeit und Charme. Manches geht auch ohne Geld.

**Was Sie in der Gegenwart sparen,
brauchen Sie in der Zukunft
nicht zu verdienen.**

**Kleinlich
ist nicht
sparsam.
Großzügig
ist nicht
verschwenderisch.**

**Setzen Sie nicht
mehr Zeit und Geld ein,
als nötig ist,
um das Ziel zu erreichen.
Drehen Sie nicht
endlose Ehrenrunden.**

**Verwenden Sie einen
breiteren Sparbegriff.
Beim Sparen geht es
nicht nur um Geld,
sondern auch um Zeit,
Kraft, Raum
und den Aufwand an
Wörtern.**

Erfolgsformel 24

Wann beginnt Ihre Zukunft?

Haben Sie bereits einen Termin?

„Ja“, sagen manche. „In drei Monaten beende ich den jetzigen Lebensabschnitt und beginne eine neue Epoche. Die angestrebte Lebens- und Arbeitsweise habe ich definiert. Meine Positionierung steht für mich fest. Qualitative und quantitative Ziele habe ich. Den Unterschied zwischen dem, was jetzt noch ist, und dem, was dann sein wird, sehe ich recht genau. In den letzten Jahren habe ich jede Woche mehrere Stunden investiert, um zu erfassen, wie die Zukunft aussehen könnte und was ich tun muss, um in dieser Zukunft so zu leben, wie ich mir das für meine Familie und mich wünsche.“

Ich habe mich nicht völlig von der Gegenwart ergreifen lassen.

„Ich wollte auf die Zukunft zugehen und sie nicht nur erwarten. Vor allem wollte ich nicht unvorbereitet sein, wenn es an der Tür klingelt und die Zukunft auf einmal vor mir steht.

Mein Ziel war es, mich gedanklich so intensiv wie möglich mit der Zukunft zu verbinden. Dafür brauchte ich nicht nur Zeit und Methodik, sondern auch ein Werkzeug. Das habe ich gefunden. Sie werden es nicht glauben: Ich schreibe ein Buch über meine Zukunft. Natürlich streng vertraulich und nur für mich und meine Familie. Mir ist es lieber, jetzt im Voraus mehr für meine Zukunft zu tun, als später irgendwann einmal über meine Vergangenheit zu berichten.

Es war für mich schwer, die Zeit und die Kraft für die Beschäftigung mit der Zukunft aufzubringen. Die Gegenwart ist eine erbarmungslose Herrscherin. Ihr Hofstaat besteht aus Forderungen und Problemen. Alles, was man an Zeit und Kraft hat, verlangt sie exklusiv für sich. Der Zukunft gönnt sie keine Zuwendung."
Wie geht es Ihnen? Wie sehr kommen Sie dazu, sich Ihrer Zukunft gedanklich zu widmen? Wie professionell versuchen Sie, zu analysieren und vorauszusehen, mit welchen Bedingungen Sie in dem Lebensabschnitt zu rechnen haben, den Sie als „Zukunft" bezeichnen?

In welche Lebensabschnitte teilen Sie Ihr Leben ein?

Wie viele von diesen liegen noch vor Ihnen? Wann beginnt Ihr nächster Lebensabschnitt? Worin wird er sich von der gegenwärtigen Epoche unterscheiden? Womit werden Sie dann aufhören? Was werden Sie beginnen und etablieren? Freuen Sie sich darauf? Gehen Sie begeistert in die neue Epoche? Tun Sie es!

Mit welchem Vermögen gehen Sie in die Zukunft?

Sie wissen, dass Sie zwei Arten von Vermögen brauchen. Das eine ist das „finanzielle" Vermögen. Es sichert Ihnen Ihre Freiheit, liefert Ihnen Handlungsspielraum und die Reserven für viele Eventualitäten.

Die zweite Art von Vermögen ist das „nicht-finanzielle".

Es entscheidet darüber, was Sie „vermögen", und liefert Ihnen hierfür die physische und psychische Kraft.

Denken Sie mehr über Ihr „nicht-finanzielles Vermögen" nach.

Es besteht aus Ihrer Gesundheit und Vitalität, Ihrer Unerschrockenheit und Gelassenheit, Ihrem kämpferischen Geist und der Willenskraft, die Sie brauchen, um das eigene Leben selbst gestalten zu können.

Gehen Sie schneller auf Ihre Zukunft zu.

Warten Sie nicht, bis ein Ereignis Sie überfällt und Ihnen eine bestimmte Zukunft diktiert.

Bestimmen Sie selbst, wann Sie die Gegenwart beenden wollen.

Das Wesen der Zukunft liegt in der schöpferischen Zerstörung der Bedingungen und Verhältnisse, die in der Gegenwart herrschen. Die Zukunft ist der Aufmarsch der Andersartigkeit. Viele verstehen unter „Zukunft" den Lebensabschnitt, der in weiter Ferne liegt. Für sie beginnt die Zukunft erst dann, wenn sie ihre aktive berufliche Tätigkeit beenden. Sie konzentrieren sich auf die „ultimative Zukunft" und vergessen, dass es lange vor deren Eintreffen noch eine Reihe einzelner „Zukünfte" im Sinne von Lebensabschnitten gibt.

Diese Endzeit-Denker strukturieren ihr Leben zu wenig.

Bei ihnen geht es gedanklich vom „Jetzt" ohne Zwischenstationen direkt zum endgültigen Zielbahnhof. Sie führen ein Leben ohne die Konzipierung und Gestaltung von Etappen.

Versorgung für die Zukunft heißt bei ihnen „Altersversorgung".

Damit haben sie einen sehr schmalen „Versorgungsbegriff". Würden sie auch die anderen Lebensabschnitte sehen, dann würden sie wissen, dass sie für jeden von ihnen eine passende „Zukunftsversorgung" brauchen.

Wie stellen Sie sich den weiteren Verlauf Ihres Lebens vor?

- Wovon und wofür möchten Sie sich befreien?
- Welche Bedingungen möchten Sie für sich und Ihre Familie schaffen?
- Beschreiben Sie die Lebensweise, die Sie anstreben.

- Wo werden Sie wann leben?
- Was werden Sie tun?
- An welche Regeln werden Sie sich halten?
- Wie wird die Zuordnung Ihrer Zeit aussehen?

Schließen Sie ein Bündnis mit der Zukunft.

Es ist das Bündnis mit der Zeit, in der Sie leben werden. Wie gut Sie in der Vergangenheit waren, interessiert die Zukunft nicht. Sie wird nur dann zu Ihrer Freundin, wenn Sie zu ihr passen.

Die Zukunft belohnt Menschen einer besonderen Art.

Das sind die Menschen, die mit Begeisterung auf Neues zugehen, Freude am Neubeginn haben, Offensivgeist und Flexibilität besitzen, überzeugt sind, dass es jetzt erst richtig anfängt und dass Werke auf sie warten. An diesen Menschen hat die Zukunft Spaß und beschenkt sie reich mit Potenzialen.

Vermögensart No. 2: Ihr nicht-finanzielles Vermögen

- Gesundheit
- Kraft
- Beweglichkeit
- Energie
- Realisierungskraft
- Kreativität
- strategisches Können
- Kontakte
- Mut
- Optimismus
- Entschlossenheit
- Jugendlichkeit

**Zeit für die Gegenwart?
Zeit für die Zukunft?
Zeit zum Verzehr?
Zeit zum Säen?**

**Verzehren Sie nicht
Ihr Saatgut.**

**Wie stellen Sie sich
Ihre Zukunft vor?
Was wird völlig
anders sein
als jetzt?**

Ab wann?

Es gibt zwei Wege
in die Zukunft.
Den langen Marsch
und den kühnen Sprung.

Der erste verlangt
Beharrlichkeit.
Der zweite erfordert Mut.

In zwölf Jahren beginnt
meine Zukunft. Da höre ich auf.
Und was ist mit den „Zukünften"
auf dem Wege dahin?

Die „ultimative Zukunft" ist nicht
die einzige Zukunftsart,
die Sie in Ihrem Leben haben.

Im Übrigen hat „Zukunft"
etwas mit „Beginnen" zu tun,
und nicht mit „Aufhören."

Erfolgsformel 25

Zeitgewinne sind steuerfrei.

Was Sie vom Umgang mit dem Geld für den Umgang mit der Zeit lernen können.

Auf kaum einem Gebiet menschlicher Betätigung versuchen wir, so planvoll, methodisch und professionell Gewinne zu erzielen und Verluste zu vermeiden, wie beim Umgang mit dem Geld. Für den Einsatz und die Verteidigung unserer Zeit sind wir professionell weit weniger gut gerüstet.

Machen Sie also einen Professionalitäts-Transfer.
Nutzen Sie das Finanzwesen als Ideenquelle und übertragen Sie die Prinzipien, Methoden und Werkzeuge, die es zu bieten hat, auf den Umgang mit Ihrer Zeit.

Beginnen Sie damit, Ihre Zeit entschlossen zu verteidigen.
Menschen, die ihr Geld überlegt anlegen und schützen, gehen mit ihrer Zeit häufig geradezu verschwenderisch um. „Die Zeche zahle zeitlich ich. Hier gibt es zeitlich Freibier. Willkommen im Paradies für Anzapfer!“

Wer Ihnen 240 Euro stiehlt, den lassen Sie verhaften.
Wer Ihnen vier Stunden stiehlt, dem drücken Sie die Hand.

Heben Sie „Zeit“ auf die Bedeutungsebene des Finanziellen.

Klagen Sie nicht nur darüber, dass Ihnen Zeit fehlt, sondern bringen Sie Ihrer Zeit endlich den Respekt und die Hochachtung entgegen, die sie verdient. Denn, so wie Sie Ihre Zeit ausgeben, so leben Sie.

Das Leben schenkt Ihnen ein zeitliches Investitionskapital.

Wie viel von Ihrem zeitlichen Investitionskapital haben Sie bereits eingesetzt? Wie viel steht Ihnen voraussichtlich noch zur Verfügung?

Studieren Sie die Historie Ihrer Zeitverwendung.

Nehmen Sie die Terminkalender vergangener Jahre zur Hand. Welche Zeitanlagen waren klug und brachten Ihnen einen hohen Wertzuwachs? Wo haben Sie Ihre Zeit eingesetzt, ohne dass es sich für Sie auszahlte?

Wo sind Sie jetzt mit Ihrer Zeitzuordnung angesiedelt?

- Wie verteilen Sie Ihre Zeit?
- Welche Schwerpunkte Ihrer zeitlichen Anlagepolitik existieren?
- Wie viel von Ihrer Zeit setzen Sie geplant und auf der Basis einer klugen Zeitstrategie ein?
- In welchem Maß bestimmen Sie über den Einsatz Ihrer Zeit selbst?
- Wie viel von Ihrer Zeit fließt routinemäßig davon?

Ihr Zeitbudget?

- Wie sieht Ihr Zeitzuordnungs-Gefüge aus?
- Welchen Aufgaben und Personen geben Sie zu wenig Zeit?
- Bei welchen hingegen sind Sie im Übermaß großzügig?
- Welche Aufgaben und Personen sollten zukünftig welche Zeitbeträge von Ihnen erhalten?
- Wie viel Zeit wollen Sie für die Gewinnung von Kunden ausgeben?
- Wie viel Zeit für die Entwicklung der vorhandenen Kunden?

Ihre zukünftige Zeitstrategie.

Welchen Aufgaben würden Sie sich stärker widmen, wenn Sie einen Tag mehr Zeit pro Woche hätten? Mit welchen Aufgaben würden Sie sich nicht mehr oder nicht mehr selbst befassen, wenn Sie nur noch vier Tage pro Woche arbeiten dürften oder könnten?

Die Rendite Ihrer zeitlichen Investitionen?

Welche 20 % Ihrer Zeit bringen Ihnen 50 % Ihres Erfolges? Wo lohnen sich also zeitliche Investitionen wirklich, und für welche Tätigkeiten sollten Sie Zeitbeträge frei machen?

Ihre zeitliche Produktivität?

Zeit sparen und gewinnen können Sie nur am jeweiligen Tag. Sie können Zeit nicht aufheben, nur anders einsetzen. Je größer Ihre Realisierungsleistung an einem Tag ist, umso mehr frei verfügbare Zeit haben Sie an den kommenden Tagen. Die Zeit, die Sie heute verschwenden oder durch Verzögerung verlieren, erhöht den Arbeitsberg, der in der Zukunft auf Sie wartet.

Was ist eine Stunde Ihrer Zeit wert?

Gehen Sie bei der Errechnung nicht nur von Ihrem Einkommen aus. Berücksichtigen Sie auch alle Kosten, die Sie einer Stunde Ihrer Zeit zuordnen müssen.

Ermitteln Sie die Opportunitätskosten,

also das Gewinnpotenzial, das sich Ihnen verschließt, wenn Sie eine Stunde Ihrer Zeit an anderer Stelle einsetzen.

Zeitverschwendung?

Jeder von uns verschwendet Zeit. Bewusst oder unbewusst. Manche werden von Ersatzbeschäftigungen magisch angezogen. Ihnen ist nicht bewusst, dass jeder, dem sie eine Stunde ihrer Zeit liefern, damit eine Stunde ihres Lebens erhält.

Zeitschulden.

Mit jeder Zusage, die Sie geben, begründen Sie eine Zeitschuld. Hüten Sie sich vor zeitlichen Zusagen, bei denen Sie den Zeitbetrag, den Sie später zu zahlen haben, überhaupt nicht voraussehen können. Seien Sie bei größeren Anforderungen anderer an Ihre Zeit genauso wach, wie Sie es wären, wenn Sie jemand um ein Darlehen oder die Übernahme einer Bürgschaft bitten würde.

Prüfen Sie, worauf Sie sich zeitlich einlassen.

Lassen Sie sich nicht von der Verlockung überwältigen. Was man glaubt, ohne Mühe und Kosten nebenbei verdienen zu können, muss man meist am teuersten bezahlen. Das gilt auch zeitlich.

Identifizieren Sie die Zeitdiebe.

Wer hebt besonders viel von Ihrem Zeitkonto ab? Wer gehört zu Ihren Hauptbelastern? Schützen Sie sich vor denen, die deshalb ein Übermaß von Zeit besitzen, weil sie außer dem Zeitdiebstahl keiner anderen Beschäftigung nachgehen.

Werden Sie dort tätig, wo es sich lohnt.

Verlieren Sie sich nicht auf Seitenwegen. Werden Sie nicht zu einer Ubiquität in den Sackgassen.

Denken Sie bereits beim Einsteigen an das bequeme Aussteigen.

Einigen Sie sich mit Ihren Gesprächspartnern zu Beginn eines Gespräches über die Zeit, die Sie gemeinsam dafür investieren wollen.

Prüfen Sie bei allem, was Sie tun, ob die eingesetzten Zeitbeträge angemessen sind.

Hüten Sie sich vor einer verderblichen Mischung von Kleinlichkeit und Verschwendungssucht je nach der Art dessen, was Sie tun. Versuchen Sie nicht, ein Schloss zu erwerben, wenn die Ihnen verbliebene zeitliche Kaufkraft gerade noch für einen Kiosk reicht.

Verschwenden Sie nicht einen halben Tag mit unnötigen Gesprächsinhalten, um dann nicht einmal eine Minute übrig zu haben, um sich bei jemandem zu bedanken.

Kämpfen Sie um zeitliche Reserven.

Tragen Sie in Ihren Terminkalender Termine mit sich selbst ein. Hören Sie auf, zeitlich von der Hand in den Mund zu leben.
Mit 10 % Reservezeit am Tag kann es Ihnen gelingen, Ihren Erfolg um 50 % zu steigern. Zugreifen können Sie nur, wenn Sie eine Hand frei haben!

Zahlen Sie keine überhöhten Zeitpreise.

Im üblichen Sprachgebrauch ist der Begriff „Preis“ dem Finanziellen vorbehalten. Warum? Für fast alles, was wir erwerben, haben wir nicht nur Geld zu zahlen, sondern auch Zeit.

Machen Sie es sich zur Gewohnheit, diese Frage häufiger zu stellen: „Was kostet es bei Ihnen zeitlich?“

Es gibt Partner, gegen deren finanzielle Forderungen nichts zu sagen ist, die aber mit den zeitlichen Belastungen, die sie einem auferlegen, absolut unzumutbar sind. Zu dieser Art von Menschen gehören die Verkomplizierer, die Unzuverlässigen und alle die, die überhaupt nicht auf die Idee kommen, dass die Zeit eines anderen Menschen auch einen Wert darstellen könnte.
Was die Zeitpreise angeht, die sie einem auferlegen, fallen sie unter den Wucherparagraphen.

Setzen Sie Zeit ein, um Zeit zu gewinnen.

Die meisten setzen ihre Zeit ein, um finanzielle „Erfolge“ zu erzielen. Was aber ist mit der Gewinnung von „Erfolgsfähigkeit“? Sie ist abhängig von der verfügbaren Zeit und Stimmung. Um beides zu gewinnen, müssen Sie genauso professionell vorgehen wie beim Bemühen um das Finanzielle.

Setzen Sie nicht Ihre gesamte Zeit ein, um operativ tätig zu werden.

Beschränken Sie sich dafür auf 90 % Ihrer Zeit. Reservieren Sie 10 % Ihrer Zeit, um darüber nachzudenken, wie und wofür Sie diese 90 % dann einsetzen sollten.

Ermitteln Sie für alle wiederkehrenden Arbeiten deren Zeitkosten.

Machen Sie eine Liste dieser Arbeitsarten. Wie viele Stunden setzen Sie pro Jahr für die einzelne Arbeit ein? Rechnen Sie das auf zehn Jahre hoch. Wenn Sie für eine bestimmte Arbeit jeden Tag 60 Minuten ausgeben und es gelingt Ihnen, den Zeitaufwand auf 30 Minuten zu reduzieren, dann bringt Ihnen das in zehn Jahren einen Zeitgewinn von 1.825 Stunden. Das sind 228 Acht-Stunden-Tage.

Setzen Sie Geld ein für die Gewinnung von Zeit.

Nutzen Sie zeitliches Fremdkapital. Lassen Sie Teile einzelner Aufgaben oder aber komplette Aufgaben von anderen übernehmen. Wenn die Erledigung einer Aufgabe drei Stunden kostet und Sie für die Auftragserteilung an einen anderen und die spätere Kontrolle insgesamt 20 Minuten einsetzen müssen, dann gewinnen Sie durch die Delegierung 160 Minuten. Das sind 87 % der Zeit, die Sie sonst selbst für diese Arbeit einsetzen müssten. Was für eine Rendite!

Halten Sie sich Ihre Zukunft offen.

Bewerten Sie Zukunftszeit nicht geringer als Gegenwartszeit. Seien Sie auch dann zurückhaltend mit Zeitzusagen, wenn die Lieferung der Zeit erst in sechs Monaten zu erfolgen hätte.

Schaffen Sie ein Controlling für Ihre Zeit.

Planen und budgetieren Sie Ihre Zeitausgaben. Verfolgen und bewerten Sie Ihre Zeitzahlungen.

Lernen Sie auch hier vom Finanziellen.

Stellen Sie sich vor, jemand würde sagen: „Das Finanzielle läuft bei uns von selbst. Wir haben uns deshalb entschieden, auf unser Rechnungswesen zu verzichten." Je mehr Sie darüber wissen, welche Zeitbeträge Sie wofür ausgegeben haben, umso professioneller wird Ihre Anlagepolitik. Werden Sie also zum „Zeitanalysten" der Spitzenklasse.

Kämpfen Sie um „Ihre" Zeit. Verteidigen Sie damit „Ihr" Leben.

Reagieren Sie weniger, agieren Sie mehr. Konzentrieren Sie sich auf das, was zählt, und schützen Sie sich vor dem, was viel fordert und wenig bringt! Wenn einer mehr von Ihrer Zeit bekommen sollte, dann sind Sie es selbst. Damit es Ihnen nicht so geht wie Karl Valentin, der sagen musste: „Gestern Abend wollte ich mich besuchen, aber ich war nicht zuhause!"

Fahrlässige Schuldenmacher

Prüfen Sie mit größter Sorgfalt und Umsicht die wirkliche Größe der zeitlichen Verschuldung, auf die Sie sich gerade einlassen wollen.

Welche zeitlichen Nebenkosten fallen an?
Welche zeitlichen Folgekosten?

„Könnten wir uns für ein kurzes, knapp einstündiges Gespräch bei mir treffen?“
„Sehr gerne, ich komme dann am Mittwoch von Flensburg zu Ihnen nach Garmisch!“

Geld ist Kaufkraft. Zeit ist der Rohstoff des Lebens.

So, wie Sie Ihre Zeit einsetzen,
gestalten Sie Ihr Leben.

Mit Ihren zeitlichen Zuwendungen
geben Sie nicht irgendetwas,
sondern sich selbst.

Verschwenden Sie sich nicht.
Verausgaben Sie sich nicht.
Verlieren Sie sich nicht.

Treiben Sie sich nicht in die
zeitliche Armut.
Erhalten Sie sich zeitliche
Reserven.

Angina temporis

Viele unternehmerische
Persönlichkeiten
leben zeitlich unterhalb
der Armutsgrenze.
Wenn es Reis für zeitliche
Arme gäbe,
hätten Sie jeden Tag
Anspruch auf ihre
Schüssel.

Das Zeitnot-Syndrom

Wenn einem das Wasser
bis zum Hals steht,
hat man keine Chance
zur Fußpflege.

Mit 50 haben Sie noch 37,5 % Ihrer Lebensarbeitszeit vor sich!

Von 25 bis 65 = 40 Jahre

Alter	Nach Arbeitsjahren:	Bereits geleistet:	Noch zu arbeiten:
30	5	12,5 %	87,5 %
35	10	25,0 %	75,0 %
45	20	50,0 %	50,0 %
50	25	62,5 %	37,5 %
55	30	75,0 %	25,0 %
60	35	87,5 %	12,5 %

Erfolgsformel 26

Das Ende der zeitlichen Armut

Ein Tag mehr Zeit pro Woche.

Es wird Ihnen gehen wie den meisten.

Sie arbeiten und arbeiten und kommen trotzdem zu wenig zu dem, was Sie eigentlich machen müssten.

„Ich weiß nicht, wo die Zeit geblieben ist."

Je mehr Sie arbeiten, umso schwerer fällt es Ihnen festzustellen, wofür Sie wie viel Zeit eingesetzt haben. Ändern Sie das mit einer Zeitanalyse. Nehmen Sie sich eine Stoppuhr und fangen Sie an. Wenn Sie erst einmal erkannt haben, wie und wofür Sie welche Zeitbeträge ausgeben, werden Sie den Umgang mit Ihrer Zeit schlagartig ändern.

Viele glauben zu wissen, was sie tun.

In Wirklichkeit haben sie nur den Anflug einer Ahnung. Im Übrigen haben sie so wenig Zeit, dass es ihnen schwer fällt, sich die Frage nach dem Verbleib der Zeit zu stellen. Andere gehen davon aus, dass sie zwar zu wenig Zeit hätten, diese aber außerordentlich diszipliniert und professionell einsetzen würden. Sie würden selbstverständlich ihre Zeit für die Arbeiten einsetzen, die am meisten brächten.
Ist das wirklich so? Verbringen Verkäufer tatsächlich den überwiegenden Teil ihrer Zeit in Verkaufsgesprächen? Hierzu ein Beispiel:

100 Verkäufer sitzen gelöst, entspannt und optimistisch in einer Konferenz zusammen. Jemand stellt die Frage: „Wie viele Stunden pro Woche sind Sie eigentlich im direkten Verkaufsgespräch mit Kunden?" Die Antwort eines der Verkäufer kommt sofort: „Ich schätze etwa fünf Stunden!"
Der anwesende Unternehmer wird ohnmächtig und muss künstlich beatmet werden. Als er wieder zu sich kommt, hört er die tröstenden Worte eines warmherzigen Teilnehmers: „Es können auch schon einmal sechs bis acht Stunden in der Woche sein!" Wie sieht es wirklich aus? Wie groß ist der Anteil der produktiven Verkaufszeit an den gesamten Zeitausgaben?

Was steht Ihnen überhaupt an Zeit zur Verfügung?

- Wann stehen Sie morgens auf?
- Wann beginnen Sie mit der Arbeit?
- Wann hören Sie abends mit der Arbeit auf?

Jeder von uns bekommt täglich 24 Stunden geliefert. Bei acht Stunden Schlaf verfügen wir über 16 Stunden der Wachheit für unsere Lebensgestaltung mit zeitlichen Mitteln.

Einige dieser 16 Stunden benötigen Sie für Ihr Privatleben. Wie viele?

- Körperpflege: (1 Stunde?)
- Frühstück, Mittag- und Abendessen: (2 Stunden?)
- andere Aufgaben des Privatlebens: (3 Stunden?)

Wie viel Zeit geben Sie privat wofür aus?

- Zusammensein mit dem Ehepartner und den Kindern?
- Fernsehen, Lesen von Zeitungen, Zeitschriften und Büchern?
- Einkäufe?
- Essengehen, Theater, Konzerte, Kino?
- Pflege der Gesundheit und Fitness?
- Spaziergänge, Jogging, Ausflüge, Urlaub, andere private Reisen?

- Schaffung und Erhaltung von Ordnung, Sauberkeit, Gepflegtheit und Schönheit?
- Gartenarbeit?
- Versorgung der Haustiere?
- Hilfe bei den Schularbeiten?
- Reparaturen?
- Private Telefonate?
- Private Korrespondenz?
- Eigene Weiterbildung?
- Sport: Schwimmen, Tennis, Golf?
- Treffen von Freunden und Verwandten. Teilnahme an Partys und Festen?

Wie viele Stunden für Ihr Privatleben haben Sie in der Woche?

Wenn Sie in der Woche fünf Tage arbeiten, dann haben Sie an diesen fünf Arbeitstagen nach unserem Rechenbeispiel 5 x 6 Stunden = 30 Stunden Zeit für Ihr Privatleben. Hinzu kommen jeweils 16 Stunden am Sonnabend und am Sonntag. Damit wären Sie bei 62 Stunden pro Woche.
Weniger günstig sieht es für Ihr Privatleben aus, wenn Sie pro Woche sechs Tage arbeiten. Dann hätten Sie an diesen sechs Arbeitstagen für Ihr Privatleben 6 x 6 Stunden = 36 Stunden. Hinzu kämen die 16 Stunden am Sonntag. Dann wären Sie bei 52 Stunden. Wenn Sie pro Tag zwei Stunden Fernsehen, wären von diesen 52 Stunden bereits 14 Stunden weg (27 %!).

Nun zu Ihrer beruflichen Zeitverwendung!

Telefonate.
- Wie viele Anrufe erhalten Sie pro Tag?
- Wie viele veranlassen Sie selbst?
- Wie lange dauern längere Gespräche?
- Wie lange dauern die kurzen Gespräche?
- Wie viel Zeit setzen Sie ein für die Vorbereitung Ihrer Telefonate?

- Wie viel Zeit nehmen Sie sich, um die Ergebnisse von Telefonaten sauber festzuhalten?
- Was müssen Sie nach Telefonaten an Zeit einsetzen, um das in den Gesprächen Vereinbarte zu erledigen?
- Also, wie viel Zeit setzen Sie pro Woche für alles das ein, was mit Telefonaten zusammenhängt?

Schriftwechsel.
- Wie viele E-Mails versenden Sie pro Woche?
- Wie viele Briefe schreiben Sie pro Woche?

Lesen.
- Wie viele E-Mails empfangen Sie pro Woche?
- Wie viele Briefe erhalten Sie?
- Was bekommen Sie sonst noch geschickt?
- Wie viel Zeit setzen Sie ein, um es zu lesen und zu bearbeiten?
- Wie viel Zeit verwenden Sie pro Woche, um Informationsmaterial zu studieren, Zeitungen, Zeitschriften, Fachzeitschriften und Fachbücher zu lesen?

Verwaltungsarbeit und Schaffen von Ordnung.
- Wie viel Zeit pro Woche setzen Sie ein für kaufmännische und administrative Arbeiten,
- um Ordnung zu schaffen,
- die Ablage so zu gestalten, dass Sie alles, was Sie suchen, bequem wieder finden?
- Wie viel Zeit für die Befreiung von Ballast?

Rechnungswesen, Steuern, Finanzplanung und Geldanlage.
Vergessen Sie niemals, dass Sie einen Partner haben, der von dem, was Sie mit Ihrer eingesetzten Lebenszeit gewinnen, bis zu 50 % für sich verlangt. Es ist das Finanzamt. Wie viel Zeit in der Woche setzen Sie ein, um abzusichern, dass dieser Partner nicht mehr erhält, als ihm zusteht? Wie viel Zeit verwenden Sie für Ihre Finanzplanung, Kostenkontrolle und Fragen der persönlichen Vermögensanlage?

Mitarbeitergespräche.
Wie viel Zeit setzen Sie ein für Gespräche mit Ihren Mitarbeitern, für Auftragserteilung, Erledigungskontrolle und Weiterbildung?

Gespräche mit Partnern.
Zeit für persönliche Kontakte, Teilnahme an Veranstaltungen, Seminaren und Vorträgen?

Die Vorbereitung von persönlichen Gesprächen.
Wie viel Zeit pro Woche, um sich auf persönliche Gespräche vorzubereiten, um Vorschläge und Angebote auszuarbeiten, Werbe- und Informationsmittel zusammenzustellen, sich über den oder die Gesprächspartner vorher zu informieren?

Fahrzeit und Reisezeit.
Wie viele Stunden sind Sie in der Woche unterwegs? Einschließlich aller Nebenzeiten, also nicht nur reine Fahrzeit oder Flugdauer.

Persönliche Gespräche mit Ihren Kunden.
Wie viele persönliche Gespräche führen Sie pro Woche mit Kunden? Wie viel Zeit nehmen diese in Anspruch?

Persönliche Gespräche mit potenziellen Kunden.
Wie viele Gespräche pro Woche? Wie viel Zeit dafür?

Gespräche mit Persönlichkeiten, die Ihnen bei der Kundengewinnung helfen.
Wie viele Gespräche dieser Art führen Sie in der Woche und was kosten sie an Zeit?

Für welche weiteren, hier nicht genannten Arbeiten setzen Sie außerdem Zeit ein?

____

____

____

Was würde Ihnen der Gewinn eines zusätzlichen Tages pro Woche bringen?

Viele zweifeln daran, dass er wirklich sehr viel bringen würde: „Und wenn Sie mir einen ganzen zusätzlichen Tag pro Woche geben würden, ich würde nicht einen Euro mehr Umsatz machen!“ „Und wenn ich Ihnen statt der zusätzlichen Zeit 3.000 Euro schenken würde?“ „Ja, das wäre natürlich etwas anderes!“ Schlussfolgerung: Jeder Geldzuwachs wird selbstverständlich als Gewinn betrachtet. Der Wert gewonnener Zeit wird viel weniger in seiner Bedeutung erkannt. Die Vorstellungskraft für das, was sich mit der gewonnenen Zeit gewinnen lässt, ist bei vielen nicht besonders ausgeprägt.

Der Antrieb, Zeit zu gewinnen.

Kein Mensch macht sich die Mühe einer Zeitanalyse und versucht, diszipliniert Zeit zu gewinnen, wenn er nicht davon überzeugt ist, dass der Einsatz der gewonnenen Zeit seine Lebensqualität und seinen wirtschaftlichen Erfolg massiv zu erhöhen vermag.

Viele gehen von einer abenteuerlich negativen Prämisse aus:

„Es gibt nur ein bestimmtes Volumen an Chancen. Ich habe zwar immer zu wenig Zeit, aber für die Nutzung der existierenden Chancen reicht diese Zeit allemal!“

Erst wenn große Gewinne winken, wird auf einmal zeitlich alles möglich.

Stellen Sie sich vor, es würde jemand auf Sie zukommen und Ihnen Folgendes sagen: „Wir wissen, wie sehr Sie belastet sind und wie wenig Zeit Sie haben. Deshalb trauen wir uns fast gar nicht, Ihnen den folgenden Vorschlag zu unterbreiten: Wir möchten gerne, dass Sie uns mit Ihrer Erfahrung und Marktkenntnis an jedem Dienstag einer Woche zur Verfügung stehen. Hierfür würden wir Ihnen 100.000 Euro pro Jahr zahlen!“

Was würden Sie antworten?

Würden Sie sagen: „Leider nein, Sie haben es selbst erwähnt, ich habe wirklich keine Zeit!“ Oder würde Ihre Antwort lauten: „Darf ich die von Ihnen genannte Summe noch einmal wiederholen? Sagten Sie 100.000 Euro? Also, meine Herren, meine Antwort ist klar. Ich stehe Ihnen ab sofort jeden Dienstag mit Vergnügen zur Verfügung. Wobei ich gerne darauf hinweisen möchte, dass ich zu den gleichen Bedingungen auch noch den Mittwoch für Sie frei machen könnte!“

Und wenn niemand mit einem solchen Angebot auf Sie zukommt?

Dann unterbreiten Sie es sich selbst. Schreiben Sie sich auf, was Sie tun würden, wenn Sie einen Tag mehr Zeit pro Woche hätten, und rechnen Sie aus, was das Ihnen bringen würde.

Hier sind einige der Einsatzgebiete für den gewonnenen Tag:

- vorhandene Kunden besser pflegen
- neue Kunden gewinnen
- herauskommen aus der Hetze und Hektik
- sich besser informieren
- sich besser organisieren
- sich besser vorbereiten
- die eigene Zuverlässigkeit steigern
- ein intensiveres Follow-up betreiben
- die Ausrüstung verbessern
- Angebote besser gestalten
- Mitarbeiter besser führen
- Kontakte zu befreundeten Partnern verstärken

Die Zeit, die Sie zukünftig täglich sparen, können Sie nicht aufbewahren.

Sie müssen sie an dem Tag investieren, an dem Sie diese Zeit gewinnen. Seien Sie also darauf vorbereitet und haben Sie das griffbereit und vor Augen, was die gesparte Zeit sofort bekommen sollte.

Mit einer Stunde, die Sie pro Tag sparen

gewinnen Sie pro Jahr ein zusätzliches Realisierungsvermögen von 45 Arbeitstagen à 8 Stunden.

Bisher ungenutzte Chancen?

Welche würden Sie ergreifen, wenn Sie einen Tag mehr Zeit pro Woche hätten?

Wie viele Stunden pro Woche wofür?

- Planung und Vorbereitung?
- Studium von Unterlagen?
- Entwicklungsarbeit?
- Fahr- und Reisezeit?
- Persönliche Gespräche?
- Teilnahme an Konferenzen?
- Telefonate?
- Korrespondenz?
- Ideengewinnung und Weiterbildung?

Anzahl Ihrer Kontakte pro Woche?

- Telefonate mit Kollegen und Mitarbeitern?
- Telefonate mit Kunden?
- Telefonate mit potenziellen Kunden?
- Telefonate mit anderen Partnern?
- Persönliche Gespräche?
- Zahl der Konferenzen?
- Zahl der verschickten E-Mails?
- Zahl der erhaltenen E-Mails?
- Zahl der verschickten Briefe?
- Zahl der erhaltenen Briefe?
- Zahl der verschickten Faxe?
- Zahl der erhaltenen Faxe?

Erfolgsformel 27

Versprechen Sie nur das, was Sie auch halten können.

Sie haben nur 24 Stunden am Tag.

Viele fragen sich, warum sie so belastet sind.

Sie selbst belasten sich, denn sie liefern Versprechungen und Zusagen am laufenden Band. Mit jedem Versprechen buchen sie einen Betrag von ihrem Zeitkonto ab. Sie sind Versprecher aus Leidenschaft und mit ihrem Verpflichtungstrieb fahrlässig bis zur Selbstzerstörung.

Versprechungen und Zusagen sind Verpflichtungen.

Mit ihnen begründen Sie einen Anspruch anderer an Sie. Sie räumen anderen die Herrschaft über einen Teil Ihrer Zeit, Ihrer Kraft, Ihrer Gedanken und Ihrer Stimmung ein.

Versprechungen sind eine Last.

Würden Sie die Zahl Ihrer Versprechungen halbieren, könnten Sie beginnen, ein eigenes Leben zu führen, und würden gleichzeitig Ihre Erfolgsfähigkeit verdoppeln.

Haben Sie jemals festgehalten, wie viel Sie in einer Woche versprechen –

- telefonisch,
- per E-Mail,

- per Brief,
- im persönlichen Gespräch?

Wissen Sie, was Sie versprechen?
- Ich rufe Sie an,
- ich komme vorbei,
- ich treffe Sie,
- ich übernehme für Sie,
- ich beschaffe für Sie,
- ich arbeite für Sie aus,
- ich verpflichte mich,
- ich garantiere Ihnen,
- ich sichere Ihnen zu,
- ich schicke Ihnen,
- ich stehe Ihnen zur Verfügung,
- ich nehme daran teil,
- ich bin jeden Vormittag erreichbar,
- jeden Nachmittag auch.
- Nachts am besten per Handy!

(Your Obedient Servant.)

Wissen Sie, wem gegenüber Sie sich verpflichten?

Welchen Menschen liefern Sie das Recht, etwas bis zu einem bestimmten Termin von Ihnen verlangen zu dürfen? Wem geben Sie die Macht, Sie zu mahnen? Wie groß ist der Personenkreis, der zurzeit darauf wartet, dass Sie Ihre Versprechungen einlösen? Bei wie vielen stehen Sie in der Kreide?

Sie geben zehn Versprechungen ab – was geschieht danach?

- Wie viele halten Sie komplett zum versprochenen Zeitpunkt ein?
- Wie viele nur zum Teil?
- Wie viele erst verspätet?
- Wie viele Ihrer Versprechungen überhaupt nicht?

Wie zuverlässig sind Sie?

Wie zuverlässig können Sie überhaupt sein, bei der Zahl der Verpflichtungen, die Sie sich aufladen? Machen Sie den Test! Führen Sie eine Liste der Versprechungen und Zusagen, die Sie innerhalb eines Monats abgeben. Stellen Sie einige Wochen später fest, wie viele Sie davon eingehalten haben.

Warum versprechen Sie so viel?

Warum verschenken Sie so freigiebig Teile Ihres Zeitkapitals? Was treibt Sie dazu? Warum verpflichten Sie sich anderen gegenüber so großzügig und fahrlässig? Warum verteidigen Sie die wenige Zeit, die Sie haben, nicht besser? Einige verfügen vielleicht über die Macht, von Ihnen Zusagen verlangen zu können. Den meisten aber liefern Sie sich freiwillig aus.

Welche noch nicht eingelöste Zusage belastet Sie besonders?

An welche müssen Sie ständig denken? Welche löst bei Ihnen Besorgnisse und Befürchtungen aus? Welche stiehlt Ihnen die Stimmung, die Lebensfreude und die Arbeitskraft?

- Waren Sie gezwungen, diese Zusage zu geben?
- Warum haben Sie es getan?
- Was wollten Sie damit erreichen?
- Welche Belastung haben Sie sich damit aufgeladen?
- Wozu sehen Sie sich jetzt gezwungen?
- Wie wollen Sie sich befreien?

Viele verkaufen ihre Zukunft zugunsten der Gegenwart.

Sie wollen es sich in der Gegenwart leicht machen. Jetzt wollen sie beeindrucken, ein gutes Klima schaffen und ihre Ziele möglichst mühelos erreichen. Um das zu schaffen, verpfänden sie Teile ihrer Zukunft. Sie verpflichten sich mit Zusagen und fesseln sich selbst. Sie machen es sich bedenkenlos später schwer, nur um es jetzt leichter zu haben.

Anderen fehlt die Überzeugungskraft, also kommen sie mit Versprechungen.

Sie sind nicht genügend auf Gespräche vorbereitet. Ihnen fehlen Begründungen und Beweismittel. Wenn sie mit den Begründungen am Ende sind, fangen sie mit den Versprechungen an.

Es gibt Forderungen, die Sie nicht ablehnen können.

Wirklich nicht? Auch nicht mit besseren Ablehnungsbegründungen? Machen Sie einen Gegenvorschlag. Bieten Sie eine Alternative an. Reduzieren Sie wenigstens das Volumen der Forderung. Nennen Sie eindeutig das, was von Ihrer Seite aus nicht möglich ist. Kämpfen Sie absolut entschlossen um einen Erledigungstermin, den Sie einhalten können.

Was alles möchten Sie auch weiterhin versprechen?

Warum? An wen? Organisieren Sie sich besser dafür, diese Versprechungen schnell und mühelos einlösen zu können. Am besten ist, Sie versprechen etwas, was Sie bereits bei sich haben. Damit reduzieren Sie den zeitlichen Abstand zwischen Abgabe der Versprechung und ihrer Erledigung auf wenige Sekunden.

Machen Sie Versprechungen, die sich auf die Gegenwart beziehen.

Diese können Sie sofort einlösen, ohne sich eine Verpflichtung für später aufzuladen:

- Ich möchte Ihnen genau zuhören.
- Ich möchte Ihre spezielle Situation kennen lernen.
- Ich möchte genau wissen, worauf es Ihnen ankommt.

Welche Art von Zusagen möchten Sie zukünftig nicht mehr geben?

Legen Sie eine „Nie mehr“-Liste an. Seien Sie konsequent, denn eine „Nie mehr, vielleicht aber doch“-Liste bringt Ihnen wenig.

Lernen Sie aus Ihrem bisherigen Verhalten.

Erkennen Sie die erschreckende Zahl der Versprechungen und Zusagen, die Sie bisher ohne Not abgegeben haben. Machen Sie sich klar, aus welchen Gründen Sie sich Belastungen aufgeladen und wie sehr Sie damit Ihre Lebensqualität gemindert haben. Nur, weil es Ihnen nicht gelungen ist, sich zurückzuhalten oder „leider, nein“ zu sagen?

Wie viele Tage haben Sie in den letzten Jahren geopfert?

Über welche Zeiträume waren Sie gedanklich gefesselt, unter Druck, in Hetze und Hektik, unfrei und negativ besetzt?

Großzügigkeit ist eine Tugend.

Wenn sie aber darin besteht, die eigene Zeit hemmungslos zu verschenken, fängt es an, gefährlich zu werden. Sie brauchen mehr Umsicht, Disziplin und Standfestigkeit, um zu verhindern, dass Sie sich eine Belastung nach der anderen aufladen.

Prüfen Sie vor jeder Zusage, was sie an Zeit und Kraft kosten wird.

Was wird sie Ihnen dafür bringen? Was werden Sie vielleicht an anderer Stelle verlieren?

Bleiben Sie bemüht.

Schützen Sie Ihre Partner, verhalten Sie sich professionell, aber denken Sie auch an sich. Was soll aus Ihnen werden, wenn Sie auch Ihre letzten zeitlichen Reserven hemmungslos weggeben?

Versprochen und noch nicht erledigt

	Wem?	Was?
1.		
2.		
3.		
4.		
5.		
6.		
7.		
8.		
9.		
10.		

Je weniger Sie versprechen, umso mehr können Sie halten.

Was würde mich das zeitlich kosten?

**Wem haben Sie
heute
was versprochen?**

**Wie viel Zeit
müssen Sie aufwenden,
um Ihr Versprechen
zu halten?**

**Geben Sie Ihre Zeit
nicht nur deshalb weg,
weil Sie sie haben.**

Erfolgsformel 28

Überdenken Sie Ihre Vorhaben!

Was haben Sie sich vorgenommen, und wie weit sind Sie bis jetzt gekommen?

Wie viele Vorhaben sind es?

Wie lange steht das einzelne bereits auf Ihrer Warteliste?

Wissen Sie, was Sie für jedes dieser Vorhaben bereits unternommen haben?

- Wie viele Anläufe haben Sie gestartet?
- Mit wem haben Sie wie oft gesprochen?
- Wie viel Zeit haben Sie bis jetzt investiert?
- Was an finanziellen Mitteln?
- Wann sind Sie zum letzten Mal dafür tätig geworden?
- Wie weit sind Sie gekommen?
- Wie soll es weitergehen?

Kein Mensch kann auf Anhieb alle seine Vorhaben präsentieren.

Es liegt im Wesen von Vorhaben, dass sie nur einzeln auftretend an sich erinnern. Sie selbst jedoch kommen nicht automatisch dazu, eine Vollversammlung Ihrer Vorhaben zu besuchen, um jedes von ihnen einzeln wahrzunehmen und zu begrüßen. Deshalb können Sie nur schwer erfassen, wie groß ihre Zahl inzwischen geworden ist und welche Bedeutung das einzelne Vorhaben im Verhältnis zu den anderen hat.

Die Sammlung Ihrer Vorhaben ist keine Gemeinschaft von Freunden.

Alle Vorhaben konkurrieren vielmehr erbittert um Ihre Zeit und Zuwendung. Manche von ihnen drängen sich in den Vordergrund, andere vegetieren als Schatten von Absichten im Hintergrund. Die Lautstärke und die Intensität, mit der einzelne versuchen, auf sich aufmerksam zu machen, sagt nichts über ihre Bedeutung aus.

Jedes Vorhaben wirkt zugleich positiv und negativ.

Es ist eine Verlockung, weil es so viel verspricht und eine Last, weil es noch nicht verwirklicht ist.

Was sich als Vorhaben darstellt, ist alles andere als ein Plan.

Es ist eine Idee, ein Gedanke, ein Wunsch, die Annäherung an eine Absicht, aber noch nicht unbedingt ein Entschluss.

Viele verfügen über eine Anhäufung von Absichten und Vorhaben.

Was ihnen fehlt, ist eine geordnete Gesamtübersicht dessen, was sie sich vorgenommen haben.

Halten Sie Ihre Absichten und Vorhaben schriftlich fest.

Was haben Sie sich vorgenommen für Ihr Familienleben, für Ihr eigenes Leben, für Ihre berufliche Tätigkeit?

Legen Sie für jedes Vorhaben einen Extrabogen an.

Wenn Sie jetzt sagen, das wäre wegen der großen Zahl Ihrer Vorhaben nicht möglich, dann sagen Sie mit anderen Worten: „Das einzelne Vorhaben ist es nicht wert, isoliert betrachtet und angegangen zu werden.“ Sie erkennen gleichzeitig die Diskrepanz zwischen dem, was Sie wollen, und dem, was Sie können.

Geben Sie jedem Ihrer Vorhaben einen Namen.

Prüfen Sie jedes auf seinen Wert und seine Machbarkeit. Was hat Sie dazu gebracht, dieses Vorhaben zu erwägen? Wer ist außer Ihnen daran interessiert, dass Sie hierfür Zeit, Kraft und Geld einsetzen? Die einzelnen Vorhaben unterscheiden sich erheblich in dem, was sie Ihnen zu bringen vermögen. Einige bringen Ihnen Fortschritte, andere verändern Ihre Gesamtlage positiv. Werden Sie hellwach für Vorhaben dieser Art.

Fragen Sie sich bei jedem Vorhaben:

- Was bringt es konkret?
- Was muss ich an Zeit und anderen Ressourcen einsetzen, um es zu realisieren?
- Habe ich die Zeit dafür oder kann ich sie gewinnen?
- Welche anderen Vorhaben muss ich dafür aufgeben oder zurückstellen?

Gehen Sie nur dann an etwas heran, wenn Sie den festen Willen haben, es zum Erfolg zu führen:

wenn Sie sich diesem Vorhaben professionell widmen wollen, die nötigen Mittel dafür besitzen und es konsequent und beharrlich verfolgen wollen.

Sehen Sie Ihre zeitlichen Machtmöglichkeiten realistisch.

Um alles zu tun, was Sie gerne tun möchten, brauchen Sie das Zehnfache der Zeit, die Sie besitzen.

Wenn Sie jede Chance ergreifen wollen, brauchen Sie mehr als zwei Hände.

Oder aber, Sie müssen das, was Sie gerade ergriffen haben, sofort wieder fallen lassen.

Je mehr Sie sich vornehmen, umso mehr werden Sie sich „zwischen den Vorhaben" bewegen.

Sie bringen nicht mehr einzelne voran, sondern rasen von einem Startloch zum anderen. Dort starten Sie, laufen einige Meter, und ab geht es zum nächsten Thema. Sie stellen fest, dass sich auch hier wenig getan hat und dass etwas getan werden müsste. Nachdem Sie diese Einsicht gewonnen haben, verabschieden Sie sich, um an anderer Stelle zur gleichen Erkenntnis zu kommen. Fazit: Sie verbrauchen mehr Zeit zwischen den Vorhaben als für diese.

Gehen Sie nicht in ein Gespräch über ein bestimmtes Vorhaben hinein, nur um sich diesem wieder einmal zu widmen.

Ein solches Gespräch ist meist nichts anderes als ein Zugeständnis an ein schlechtes Gewissen und eine Pflichtübung, die nichts bringt. Führen Sie Gespräche nur, wenn sie geeignet sind, das Vorhaben „voranzubringen". Dazu bedarf es einer sorgfältigen Gesprächsvorbereitung. Wenn Sie diese nicht leisten können, dann verzichten Sie auf ein Gespräch zu diesem Zeitpunkt. Verwenden Sie die gewonnene Zeit für die Vorbereitung des späteren Gespräches.

Trennen Sie sich von einem Teil Ihrer Vorhaben.

Das ist schmerzhaft, denn Sie hängen nicht nur an dem, was Sie haben, sondern auch an dem, was Sie gerne hätten. Vielleicht tröstet Sie die alte Bauernweisheit: „Sie können nicht auf jeder Hochzeit tanzen!"

Prüfen Sie jedes Ihrer Vorhaben kritischer als bisher.

Beginnen Sie damit nicht erst, wenn Sie sich bereits eingeschifft haben. Ersparen Sie sich damit diese Fragen: Wie konnte ich mich darauf einlassen? In was bin ich hier hinein geraten? Ich nähere mich den Niagarafällen in einem Fass ohne Boden.

Es zählt nicht das, was Sie anzufangen vermögen, sondern das, was Sie vollenden.

Es gibt das fachliche Können und das Realisierungskönnen. Die Tatsache, dass Sie etwas von der Sache her können, bedeutet noch nicht, dass Sie es auch zeitlich können.

Beginnen Sie also nicht nur deshalb etwas, weil Sie es qualitativ so beeindruckend können.

- Weil Sie es besser als andere können,
- weil andere Ihnen sagen, dass nur Sie das können,
- weil Sie ihnen beweisen möchten, dass das stimmt,
- weil Sie Spaß daran haben,
- weil es sonst ein anderer tun könnte.

Machen Sie Ihr Leben nicht zu einer Folge von Anläufen.

Gehen Sie nicht überall an den Start. Beenden Sie das Hin und Her. Trennen Sie sich von dem Satz: „Ich mache alles, und das gleichzeitig!“ Entscheiden Sie sich für Konzentration und Beharrlichkeit.

Meine wichtigsten aktuellen Vorhaben

Für meine Familie:

1.

2.

3.

Für mich selbst:

1.

2.

3.

Beruflich:

1.

2.

3.

Wer und was stehen immer noch auf Ihrer Warteliste?

Ich bin Ihr Vorhaben Nummer 9. Wir kennen uns schon so lange. Haben Sie vielleicht fünf Minuten Zeit für mich?

**Ein Ergebnis
bringt Ihnen mehr
als zehn Vorhaben.**

**Entweder
professionell
oder
gar nicht!**

Erfolgsformel 29

Die Schubkraft des Vollbrachten

Aktivieren Sie, was Sie geschaffen haben. Nutzen Sie es als Antrieb und Potenzial.

Die Leidenschaft des Menschen ist das Greifen.

Das fängt in frühester Kindheit an. Siegen wird gesehen als Erbeuten, doch damit ist es nicht getan. Als wahrer Sieger hat nur der zu gelten, dem etwas mehr gelingt. Er schafft es, das Gewonnene zu sichern und nimmt es in die Zukunft mit.

Das, was ergriffen werden soll, zieht meistens alle Kräfte auf sich.

Der Lockruf des Vorhandenen ist dagegen schwach. Kaum ist das, was man will, gewonnen, wird es fast nicht mehr wahrgenommen. Nur wenige sind sich seines Wertes voll bewusst.

Richten Sie den Blick auf das, was Sie schon haben.

Es muss sehr viel sein, denn Sie waren Jahre auf der Jagd. Nehmen Sie allein das Volumen Ihrer Erfahrungen. Wie viele Kilometer waren Sie unterwegs, um sie zu „erfahren“? Wie viele Jahre des Nachdenkens und Überlegens liegen hinter Ihnen? Was ist dabei herausgekommen? Wo befindet es sich, und wo ist es dokumentiert?

Welche Menschen haben Sie kennen gelernt und gewonnen?

Welche Kooperationen haben Sie begründet? Welche Quellen haben Sie für sich erschlossen? Welche Erkenntnisse haben Sie gewonnen und welche strategischen Einsichten?

Welche Methoden haben Sie entwickelt und welche Werkzeuge?

Welche Texte haben Sie formuliert? Welche Fehler haben Sie erfasst und für die Zukunft vermeidbar gemacht?

Warum nutzen die meisten das Gewonnene so wenig?

Schuld ist die Pausenlosigkeit der Zeit, in der wir leben. Das pausenlose Leben macht uns arm. Wir werden zu durchlaufenden Posten. Innezuhalten oder gar zu verweilen, erscheint den meisten gefährlich, denn ihr nächster Zug fährt gerade ab.

Die Folgen sind fatal.

Wir können uns nicht mehr über das Ergebnis freuen, denn wir sind bereits an etwas anderem dran. Wir können nicht mehr analysieren, was wir getan haben, welche neuen Ideen und Vorgehensweisen wir angewandt haben, was uns gebremst und was uns vorangebracht hat. Vor allem aber können wir nicht mehr entscheiden, was wir von unseren Vorgehensweisen und dem erzielten Ergebnis für die Zukunft greifbar und nutzbar machen wollen.

Wir glauben eine Arbeit beendet zu haben, aber das stimmt nicht.

Ändern Sie Ihr Verhalten. Gehen Sie nicht mehr von einer Arbeit unmittelbar zur nächsten über. Blicken Sie zurück und bewerten Sie, was Sie getan haben. Entscheiden Sie, was es Ihnen nicht nur in der Gegenwart, sondern auch in der Zukunft bringen soll.

Machen Sie sich das nutzbar, was Sie bereits haben oder hatten.

Lassen Sie das Vorhandene nicht weiter unentdeckt und ungeschätzt vor sich hindämmern. Es reicht nicht aus, nur etwas zu ergreifen, man muss es dann auch konsequent und häufig nutzen.

Erfassen Sie, was Sie besitzen.

Was existiert, ohne dass Sie es noch wissen, greifbar haben und nutzen? Besuchen Sie die Schatzkammer des Vollbrachten und Erworbenen. Stellen Sie fest, wo das geblieben ist, für dessen Erarbeitung Sie so viel an Lebenszeit, Kraft, Fleiß und gedanklicher Anstrengung aufgewandt haben.

Sie können den Bestand vergessen, verwalten oder gestalten.

Sie können ihn als Ergebnis einer früheren Leistung betrachten oder als Potenzial und damit Chancen-Schatz.

Kein Mensch kann nur von neuen Kunden leben.

Ihre Gewinnung ist die eine Seite. Ihre Entwicklung zu Freunden und langfristigen Partnern die andere. Gewinnen verlangt Kraft und Mut. Halten aber erfordert Zuwendung und Ausdauer.

Eine Arbeit bringt Sie nicht nur nach vorne, sondern auch auf eine höhere Ebene.

Das kann es Ihnen ersparen, bei einer ähnlichen Arbeit wieder am Nullpunkt beginnen zu müssen. Wenn Sie das bereits Vorhandene nutzen, ersparen Sie sich den Anlauf. Das Rennen beginnt dann nicht mehr am normalen Start, sondern weit dichter am zu erreichenden Ziel.

Benachteiligen Sie nicht, was ohne Mühe für Sie hervorragend läuft.

Liefern Sie dem stillen, stabilen Bestand und Vorhandenen mehr Wertschätzung und Zuwendung. Sagen Sie niemals: „Das läuft von allein. Darum brauche ich mich nicht zu kümmern!“

Ziehen Sie keine Kräfte von dem ab, was so viel für Sie tut.

Entblößen Sie nicht die Front, an der Sie stark sind. Schwächen Sie sie nicht, nur um die gewonnenen Mittel wieder dort einzusetzen, wo Sie es schon häufig mit begrenztem Erfolg versucht haben.

Gewinnen Sie Neues und gewinnen Sie das, was Sie haben, neu.

Auch „Wiederentdeckung" und „Wiederbelebung" gehören zur Familie der Innovation. Je mehr Sie sich die stabilisierende Wirkung des positiven Vorhandenen nutzbar machen können, umso leichter wird es für Sie, Neues kraftvoll zu ergreifen.

Sichern Sie das, was Sie haben.

Lassen Sie es beim Griff nach dem Neuen nicht aus den Händen gleiten. Verkünden Sie nicht: „Wir leisten uns ein neues Dachgeschoss und finanzieren es mit dem Fundament!"

Stabilisieren Sie Ihre Basis, und gehen Sie dann gesichert voran!

Ihr vorhandenes Erfolgsvermögen

- Kontakte zu Kunden
- Kontakte zu früheren Kunden
- Kontakte zu anderen Arten von Partnern
- Kontakte zu Informations- und Ideenquellen
- Erkenntnisse – Kenntnisse – Informationen
- die „Nie mehr"-Liste der gemachten Fehler
- gewonnene Fragen – erarbeitete Antworten
- Beispiele – Begründungen – Beweismittel
- Ausarbeitungen – Texte
- Methoden –Werkzeuge – Stufenpläne
- Dankbriefe – Anerkennungen – Referenzen
- Erfolgsformeln

Aktivieren Sie das Vorhandene.
Was besitze ich?
Warum nutze ich es nicht?
Wo ist es?

Finden.
Von Ballast befreien.
Bezeichnen.
Ordnen.
Gestalten.
Verwenden.

Habenichts.

Haben,
ohne es zu wissen,
ohne es zu finden,
ohne es zu schätzen,
ohne es zu nutzen.

Komplettes Arbeitsergebnis:

Fertig für die Gegenwart.
Verfügbar für die Zukunft.

Lost & Found.

Gewinnen Sie das zurück,
was Sie einmal besaßen.
Entwickeln Sie einen
Rückgewinnungs-Stufenplan.

Teil V

Steigern Sie Ihre Realisierungskraft

Erfolgsformel 30

Konzentrieren Sie Ihre Kräfte.

Arbeiten Sie nach dem Laser-Prinzip.

Freude an der Arbeit gewinnen Sie nur dann, wenn Sie sich zügig dem Ergebnis nähern.
Also brauchen Sie die richtige Arbeitstechnik. Sie liefert Ihnen Antrieb und bringt Sie voran.

Das entscheidende Element dieser Art zu arbeiten, ist die Konzentration.
Hüten Sie sich also vor der Zersplitterung der Kräfte. Gehen Sie von dem Realisierungsvermögen aus, über das Sie verfügen, und setzen Sie es konzentriert ein. Versuchen Sie nicht, an drei Rennen teilzunehmen, wenn Sie nur Zeit für ein Rennen haben. Keiner wird Sie sonst jemals an einem Ziel entdecken.
Konzentrieren Sie sich völlig auf die Arbeit, für die Sie sich entschieden haben. Legen Sie für den gewählten Zeitraum fest, welche anderen Arbeiten Sie in diesen Zeitraum nicht hineinlassen wollen. Entziehen Sie ihnen die Zugangserlaubnis.

Minimieren Sie das Volumen der Ablenkungen.
Das ist die einfachste Methode, um zu einer Konzentration der Kräfte zu gelangen.

Beobachten Sie sich bei der Arbeit.

Schreiben Sie sich auf, womit Sie sich verzetteln, zu welchen Ersatzbeschäftigungen Sie neigen, was Sie stört, bremst und ablenkt. Erfassen Sie, was Sie unter Druck setzt und nervös macht.

Fangen Sie mit der Arbeit früher an.

Halten Sie sich an das Credo der Realisierer: „Ich, jetzt, hier!"

Verschwenden Sie keine Zeit zu Arbeitsbeginn.

Starten Sie kraftvoll, das Ziel fest im Blick. Je entschlossener und disziplinierter Sie zu Beginn arbeiten, umso weniger werden Sie später zu einem verzweifelten Endspurt gezwungen.

Setzen Sie sich für jede Arbeit einen Erledigungstermin.

Vollbringen Sie die Arbeit also nicht in der Zeit, über die Sie gerade verfügen, sondern in der, die ausreicht, um zu einem guten Ergebnis zu kommen.

Bleiben Sie bei der Arbeit, die Sie sich vorgenommen haben.

Eine Arbeit ist keine Beschäftigung. Sie ist ihrem Wesen nach zielgerichtet. Damit gleicht sie einem Rennen. Also lernen Sie von denen, die professionell Rennen fahren. Kein Rennfahrer wird die Strecke verlassen, um sich zwischendurch die Altstadt anzusehen, an einer Konferenz teilzunehmen oder mit den Mädchen an den Boxen zu plaudern. Ihn interessiert nur eines: „So schnell wie möglich zum Ziel!" Jede Störung und Ablenkung versucht er zu vermeiden. Beschleunigen freut ihn, Bremsen mag er weniger.

Ablenkungen stehlen Ihnen Zeit und Kraft.

Bei jeder Ablenkung kommt die Arbeit zum Stillstand. Wenn Sie dann wieder zu ihr zurückkehren, müssen Sie sich erst einmal orientieren. Dann müssen Sie neu starten und auf Touren kommen. Sie kennen den Aufwand dafür. Nehmen Sie als Beispiel das Gespräch zwischen einem Patienten und einem Arzt, der während dieses Gespräches ständig durch Anrufe gestört wird. Das Gespräch wird nicht das bringen, was beide zu erreichen hoffen.

Eine Ablenkung besonderer Art ist die Ersatzbeschäftigung.

Sie dient der Flucht vor der Arbeit. Kaum wird einem eine Arbeit zu mühevoll, taucht die Ersatzbeschäftigung auf und preist sich an als verlockende Lösung: „Sie haben nun lange genug gearbeitet und ein Recht auf Entspannung!" Auf viele wirkt das überzeugend. Ein letzter Gruß an die Arbeit und dann ab durch die Mitte. Mit der Selbsttröstung „Ich habe meinen Kopf jetzt lange genug strapaziert!" landen viele auf direktem Weg beim Friseur.

Verbannen Sie die Hektik aus Ihrem Leben.

Sie ist zerstörerisch und raubt Ihnen zu viel – Zeit, Kraft und innere Ruhe. Hektik ist „chaos in action", das Markenzeichen des Unprofessionellen. Hektik entsteht dann, wenn Sie mit Ihren zeitlichen Verpflichtungen in Verzug geraten und beginnen, über die negativen Konsequenzen nachzudenken. Hektik ist das große Hin und Her. Der Hektiker versucht, sechs Bälle mit zwei Händen zu ergreifen. Das kann nichts werden.

Es ist nicht schwer, unaufgeregt zu handeln.

Achten Sie auf den Rhythmus, in dem Sie sich bewegen und sprechen. Überschlagen Sie sich nicht. Erledigen Sie eine Arbeit nach der anderen. Gehen Sie Schritt für Schritt voran.

Zerlegen Sie Ihre Arbeit in Abschnitte.

Führen Sie sich nicht ständig vor Augen, was Sie noch zu tun haben. Tischen Sie sich nicht am Montag früh bereits sämtliche Frühstücke, Mittagessen und Abendessen der Woche auf. Sonst vergeht Ihnen der Appetit.

Wählen Sie das richtige Timing.

Überdenken Sie kritischer das „Wann" für das „Was".

Fassen Sie gleichartige Arbeiten in Zeitblöcken zusammen.

Machen Sie Schluss mit dem Mischmasch.

Trennen Sie sich rigoros von dem, was unnötig ist.

Halten Sie alles so einfach wie möglich. Geraten Sie nicht in die Fänge des Irrelevanten. Unbedeutendes neigt dazu, sich aufzublähen.

Reagieren Sie gelassen auf Hindernisse, die plötzlich auftreten.

Kaum eine Straße ist frei von ihnen. Viele Wege zum Ziel sind sogar als Geisterbahn konzipiert. Also: „Augen auf und durch!“

Denken Sie in „Ergebnissen“.

Ein deutscher Volksstamm besitzt diese Denkweise seit langem und hat sie in seiner Sprache verankert. Hier „arbeitet“ keiner mehr, hier wird „geschafft“. Das Ergebnis kann sich sehen lassen.

Arbeiten Sie nach dem „Laser-Prinzip“

- Bündeln Sie Ihre Kräfte, und konzentrieren Sie diese auf den entscheidenden Punkt.
- Fangen Sie früher mit der Arbeit an.
  Es heißt zwar „Widerstehe den Anfängen“, aber nicht „Widerstehe dem Anfangen!“
- Setzen Sie sich für jede Arbeit ein qualitatives und ein zeitliches Ziel.
- Springen Sie nicht von einer Arbeit zur anderen.
  Es zählt nicht, wie viele Arbeiten Sie begonnen haben, sondern nur, wie viele Sie erfolgreich beendet haben.
- Reduzieren Sie die Zahl der Ablenkungen.
  Verzichten Sie auf Ersatzbeschäftigungen.
  Verbannen Sie alles, was Sie ablenken könnte, aus Ihrem Sichtfeld. Ein Arbeitsplatz ist kein Lagerplatz.
- Entfernen Sie die Hetze und Hektik aus Ihrem Leben.
  Verhalten Sie sich diszipliniert, gelöst und gelassen bei dem, was Sie sagen und tun.
  Versuchen Sie in einen Rhythmus zu kommen, der Sie beflügelt und beschwingt.

Ohne Ziele gibt es keine Sieger.

„Wasser treten“ ist deshalb keine olympische Disziplin.

Bringt mich das, was ich gerade sage, tue oder plane näher an mein Ziel?

**Ich bin für jede Unterbrechung dankbar.
Wenn Sie nichts zu tun haben,
dann tun Sie es bitte bei mir.**

**Ich kann mir
keine Hektik leisten.
Ich habe zu viel zu tun.**

Erfolgsformel 31

Die sorgfältig geleistete Arbeit

Von der Vollendung zum Follow-up.

Die wenigen Minuten, die Sie bei der jetzt zu leistenden Arbeit zusätzlich aufwenden, um diese Arbeit vollendet zu erledigen, ersparen Ihnen in der Zukunft ein Vielfaches an Zeit und Mühe. Alles, was Sie jetzt jedoch nicht sorgfältig und komplett erledigen, zwingt Sie zu neuen Anläufen und zur Notwendigkeit, Mängel beheben zu müssen.

Studieren Sie das, was Sie ständig zu tun haben:

Telefonate, Gespräche, Korrespondenz, Ausarbeitungen, Reisen. Stellen Sie sich die Frage: „Wann erst ist eine Arbeit dieser Art als sorgfältig, professionell und ganz und gar erledigt zu betrachten?“

Werden Sie zu einem Meister der professionellen Beendigung.

Die letzten zusätzlichen Schritte einer Arbeit sind besonders wichtig. Sie entscheiden darüber, welchen Erfolg Sie mit dieser Arbeit erzielen werden.

Arbeiten sie mit „Beendigungs-Checklisten“.

Diese ersparen Ihnen bei jeder Arbeitsart die Notwendigkeit, sich gegen Ende der Arbeit fragen zu müssen: „Was ist jetzt noch zu tun?“ Ihre Checkliste wird Ihnen antworten:

- „Dokumentieren Sie alles,
- halten Sie es geordnet und gut lesbar fest,
- kennzeichnen Sie es,
- legen Sie es so ab, dass Sie es bequem finden können,
- machen Sie es nutzbar für die Zukunft und für andere Einsatzgebiete.
- Trennen Sie sich vom Unnötigen."

Was tun Sie, nachdem Sie einen Termin vereinbart haben?

Beschränken Sie sich darauf, ihn einzutragen? Oder aber bestätigen Sie ihn, bedanken sich dafür, bereiten den Gesprächspartner auf die Themen vor und schaffen vorab eine freundschaftliche Atmosphäre?

Bewerten Sie die gerade geleistete Arbeit.

Wie viel Zeit haben Sie dafür aufgewandt? Wie hätten Sie das Ergebnis schneller und bequemer erzielen können? Was können Sie daraus für die Verbesserung Ihrer Arbeitsweise lernen? Was hätte zu einer professionell geleisteten Arbeit dazugehört? Mit welchem „Extra" hätten Sie den Wert des von Ihnen Geleisteten steigern können? Wie hätten Sie bei allem, was Sie mit der Arbeit bieten, die Wahrnehmungsfähigkeit für die gelieferte Qualität erhöhen können? Was hätten Sie tun können, um den Empfängern Ihrer Arbeit nicht nur Informationen zu liefern, sondern auch ihre Zuneigung zu gewinnen?

Zur letzten Frage ein Beispiel:

Sie kennen es vom Fliegen: „Guten Morgen, meine Damen und Herren, hier spricht der Kapitän!" (Nein, so sprechen alle Kapitäne!)
Nur einer von ihnen findet diesen Standardtext unvollständig. Also fügt er das Fehlende entschlossen hinzu: „Guten Morgen, meine Damen und Herren, guten Morgen, liebe Kinder, hier spricht der Kapitän!"
Diese Extraleistung kostet ihn nur drei Sekunden, aber mit ihr hat er alle Anwesenden bezaubert. Vorbei ist es mit der Alleinherrschaft der

Sachlichkeit. Zwei Neuzugänge sind in der Kabine erschienen: „Charme und Herzlichkeit".

Sorgfalt zählt und ist häufig die Sorgfalt bei Kleinigkeiten.

Manche wissen es bereits als Kinder: das dreijährige Mädchen, das ihrer Mutter den Kugelschreiber zurückgibt und vorher völlig selbstverständlich die Mine hineindrückt, das dann ein Glas auf den Tisch stellen soll und diese Arbeit so versteht, es gleich auch vom Rand weg in die Mitte zu schieben. (Umsicht und außergewöhnliche Sorgfalt bei gewöhnlichen Dingen!)

So, Sie haben die Arbeit komplett erledigt.

Jetzt kommt die Zeit für das Follow-up, denn der Erfolg beginnt mit der Verfolgung. Mit dem „sachbezogenen Follow-up" widmen Sie sich der Verbesserung Ihrer Leistungen, Ihrer Strategie, der Organisation, den Methoden und den Werkzeugen. Zum personenbezogenen Follow-up gehören alle Maßnahmen, die sich auf die Menschen beziehen, mit denen Sie zu tun haben.

Planen Sie bereits zu Arbeitsbeginn das, was Sie später als Follow-up zu tun gedenken. Fragen Sie sich also, was Sie tun werden, wenn Sie das Gespräch geführt, den Anruf erledigt, das Versprochene verschickt, an der Konferenz teilgenommen haben oder von einer Reise zurück sind?

Stellen Sie sich eine geleistete Arbeit bildlich so vor:

Sie haben das Flussufer erreicht, zu dem Sie kommen wollten. Jetzt haben Sie zwei Möglichkeiten, Sie können sich auf den Weg zu einem anderen Fluss machen oder den erreichten Fluss überschreiten. Das wäre die Entscheidung für ein Follow-up. Mit ihm gewinnen Sie einen Brückenkopf auf der anderen Seite des Flusses. Dieser ermöglicht es Ihnen, wann immer Sie wollen, aus dem Stand heraus den Marsch fortzusetzen, den Sie mit Ihrer ursprünglichen Arbeit begonnen haben.

Machen Sie das Follow-up zu einer Konstante Ihres Handelns.

Demonstrieren Sie Ihren Partnern Bemühtheit und Verbundenheit. Liefern Sie Informationen und Hilfe. Gewinnen Sie ein Feedback. Alles das kostet Sie Zeit, Disziplin und Entschlossenheit, denn die Arbeit, der Sie mehr Zeit gönnen, konkurriert mit den vielen anderen Arbeiten, die ungeduldig nach Ihrer Zeit verlangen. Bedenken Sie jedoch, häufig sind es nur wenige zusätzliche Minuten, die darüber entscheiden, wie Sie Ihre Arbeit bewerten können: als „ordentlich" oder „vollendet".

Follow-up nach einem Gespräch

- Analyse und Bewertung
- Dokumentation
- Schaffung von Ordnung
- Erledigung des Versprochenen
- Kontaktaufnahme

Die Arbeit ist
noch nicht erledigt.
Das ist noch zu tun:

☑ ______________________________

☑ ______________________________

☑ ______________________________

Bleiben Sie dran.

1. Versuch: Nicht erreicht.
2. Versuch: Nicht erreicht.
3. Versuch: Nicht erreicht.
4. Versuch: Endlich!

Ich gratuliere Ihnen.
Sie gehören zu den 5 %,
die nach dem dritten Versuch
nicht aufgegeben haben.

Die vollendete Arbeit:

- gewissenhaft
- gründlich
- akkurat
- fehlerfrei
- verständlich
- nutzbar
- nützlich
- komplett

Follow-up →→

Zeitaufwand für die Leistung:	**10 Stunden**
Erfolg:	☑

Zeitaufwand für die Leistung:	**10 Stunden**
plus Follow-up:	**1 Stunde**
Erfolg:	☑

Erfolgsformel 32

Machen Sie mehr aus Ihren Konferenzen.

Streben Sie entschlossen Ergebnisse an.

Eine Konferenz ist kein Selbstzweck, sondern ein Mittel zum Zweck.

Manche sehen das anders. Für sie ist die Konferenz ein Trampolin. Sie bewegen sich kraftvoll, wirken vital und kommen doch keinen Schritt voran. Andere sehen die Konferenz als ein Sprungbrett. Sie wünschen sich die schnelle Bewegung zur Tat.

Manche halten das Diskutieren bereits für eine Leistung.

Sie stören sich nicht am Hin und Her. Der fehlende Fortschritt betrübt sie in keiner Weise. Sie sind dabei, sie können Laute von sich geben. Je mehr sie reden, umso weniger bringen sie voran. Entscheidungen werden nicht getroffen. Ergebnisse werden nicht erzielt.
Damit wird die Konferenz aus ihrer Sicht zu einem wirklichen Erfolg. Man war zusammen, ohne anschließend durch getroffene Entscheidungen bedroht zu werden. Der Status quo wird nicht angetastet, es wird nichts verändert, man wird nicht mit Neuem konfrontiert und man braucht auch nicht mehr zu arbeiten. Wenn das kein Erfolg ist? Mehr kann man nicht erwarten.

Bereiten Sie Ihre Konferenzen besser vor.

Was wollen Sie mit der Konferenz erreichen? Warum ist sie erforderlich? Wer soll daran teilnehmen? Wer nicht? Welchen Erfolgsbeitrag soll der Einzelne leisten? Was soll am Ende der Konferenz machbar sein und geschehen?

Überfrachten Sie Ihre Konferenzen nicht.

Konzentrieren Sie sich auf wenige Themen. Je mehr Themen Sie behandeln, umso weniger Ergebnisse werden Sie erzielen. Sie werden nur Halbfertigware erzeugen.

Beginnen Sie jede Konferenz mit einem Rückblick auf die vorangegangene.

Was wurde besprochen? Was wurde beschlossen? Was wurde erledigt? Was wurde damit erreicht? Was wurde noch nicht getan?

Bekämpfen Sie die Konferenzkriminalität.

Stellen Sie sich vor, ein Teilnehmer geht von einem zum anderen und nimmt jedem 100 Euro aus der Tasche. Konsequenz: Eine halbe Stunde später wäre der Betreffende in psychiatrischer Betreuung. Was aber würde geschehen, wenn er nicht Geld, sondern die Zeit, die Kraft und die Stimmung der anderen stehlen würde? Wie würden Sie darauf reagieren?
Sind Zeit, Kraft und Stimmung wirklich weniger wert als Geld? Darf man sie hemmungslos stehlen? Und außerdem, hat ihr Verlust keine finanziellen Auswirkungen?

Nutzen Sie das Know-how der Palaver-Profis.

Es gibt ein afrikanisches Dorf. In diesem darf bei einem Treffen jeder nur so lange reden, wie er auf einem Bein stehen kann. Führen Sie das bei sich ein.

Konzentrieren Sie sich bei Ihren Konferenzen nicht nur auf das Inhaltliche.

Sie haben nicht nur zu analysieren, zu informieren und zu überzeugen, sondern auch eine Stimmung zu schaffen, die das Vorankommen begünstigt. Die Kraft der Argumente beginnt erst dann zu wirken, wenn Höflichkeit, Respekt und Liebenswürdigkeit sie unterstützen.

Lassen Sie niemanden das Gesicht verlieren.

Sie würden ihn in eine Zeitbombe verwandeln.

Gewinnen Sie das „Ja" von denen, die das Sagen haben.

Hier ist die Methode von General Haig: „Wir könnten das so machen, Mr. President, wenn das Ihre Entscheidung ist!" Nixon: „Ja, ich möchte das so!"

Halten Sie sich an diese Regeln:

- Hören Sie jedem Redner aufmerksam zu.
- Bedanken Sie sich für das, was er gesagt hat. Knüpfen Sie an das Gesagte an.
- Holen Sie nicht lange aus. Antworten Sie direkt.
- Strukturieren Sie Ihren Beitrag.
- Springen Sie nicht von einem Thema zum anderen. Verlieren Sie sich nicht auf Seitenwegen.
- Konzentrieren Sie sich auf das, was relevant ist.
- Kommen Sie schneller zum Punkt.
- Erläutern Sie die Begriffe, die Sie verwenden: „Ich verstehe darunter Folgendes."
- Verwenden Sie Begriffe, mit denen Sie sich langfristig im Gedächtnis der anderen verankern.
- Bringen Sie Zahlen.
- Zitieren Sie Anwesende.

Nicht nur Computer stürzen ab, sondern auch Konferenzen.

Dann wird ein Neustart nötig. Machen Sie eine Pause. Stehen Sie auf. Bewegen Sie sich. Lassen Sie frische Luft in den Raum. Führen Sie Gespräche im kleineren Kreis. Ordnen Sie Ihre Gedanken und gehen Sie frisch und unbelastet in die nächste Runde.

Machen Sie ab und zu eine Zwischenbilanz:

Was haben wir bisher geschafft? Was haben wir jetzt noch zu tun?

Fragen Sie sich nach jeder Konferenz, was Sie zu ihrem Erfolg beigetragen haben.

- Wie gut war ich vorbereitet?
- Was habe ich zur Erfassung der Lage geliefert?
- Welche Ziele habe ich formulieren helfen?
- Welche Informationen habe ich geliefert?
- Welche Begriffe?
- Welche Unkenntnis habe ich behoben und welche Verwirrung beendet?
- Welche Kontroversen habe ich beendet und welche Übereinstimmung habe ich erzielen helfen?
- Was habe ich für einen disziplinierten und geordneten Verlauf der Konferenz getan?
- Was habe ich getan, um die Stimmung zu erhalten und zu fördern?
- Welche Entscheidungen habe ich zustande gebracht?

Ihr Follow-up:

- Verfassen Sie ein kurzes Ergebnisprotokoll.
- Bedanken Sie sich bei denen, die wichtige Beiträge gebracht haben.
- Erledigen Sie das, was Sie versprochen und übernommen haben.
- Liefern Sie Erledigungsmeldungen.

Das Arsenal der Abwehrsprüche

- Kennen Sie jemanden, der das jemals versucht hätte?
- Lassen Sie uns in die Wirklichkeit zurückkehren.
- Ich weiß nicht, wo Sie Ihre Erfahrungen hernehmen.
- In der Theorie ist das natürlich wieder wunderbar.
- Diese Idee geistert hier doch schon seit Jahren herum.
- Wer soll das eigentlich alles machen?
- Das versuchen Sie einmal bei unseren Mitarbeitern.
- Was meinen Sie, was das hier für ein Geschrei gibt?
- Dass dieser Vorschlag von Ihnen kommt, wundert mich nicht.
- Wie lange sind Sie jetzt eigentlich bei uns?
- Wie lange wollen Sie noch bei uns bleiben?

Bringen Sie nicht alles, was Sie bringen könnten. Haben Sie Erbarmen.

Von welcher Annahme gehen Sie aus? Stimmt sie?

Bitte werden Sie konkret!
Was meinen Sie bitte im Einzelnen?

Warum steht im Konferenzraum dieser Eimer?
Für die Stimmung.

Erfolgsformel 33

Die Qualität Ihrer Telefonate

Professionelle Kommunikation am Telefon. Ankommen, vorankommen und voranbringen.

Es gibt zwei Arten von Telefonaten.

Solche, die dem „Smalltalk" dienen, kein spezielles Ziel und keinen roten Faden haben, jedoch Verbundenheit und Zuneigung demonstrieren. Sie sind im materiellen Sinne zweckfrei, für das menschliche Zusammenleben jedoch von großer Bedeutung. Hier jedoch geht es um die zweite Art von Telefonaten, den beruflichen und geschäftlichen, die dazu dienen, voranzukommen und voranzubringen.

Für die meisten ist ein geschäftliches Telefonat nichts Außergewöhnliches.

Es ist das Normalste vom Normalen. Es gehört zur täglichen Routine. Und hier liegt das Problem: „Routine ist der Feind der Innovation." Sie verhindert qualitative Sprünge.

Viele halten eine gründliche Anrufvorbereitung für unnötig.

Es fehlt ihnen die innere Ruhe. Sie überschätzen den erforderlichen Zeitaufwand und im Übrigen halten sie sich als Routiniers für fähig, auch unvorbereitete Gespräche professionell führen zu können.

Unvorbereitet verlieren Sie Zeit. Vorbereitet gewinnen Sie Zeit.

Unvorbereitete Gespräche dauern länger. Häufig werden sie geführt wie „Kraut und Rüben". In ihnen ist die Konfusion zuhause. Wichtige Punkte werden vergessen und zusätzliche Gespräche nötig.

Ein vorbereitetes Gespräch liefert Ihnen innere Ruhe und Souveränität.

Sie fangen nicht erst an zu denken, wenn Sie die Stimme des anderen hören. Sie bringen eine Ordnung in das Gespräch hinein und begründen damit „Folge-Richtigkeit". Sie beeindrucken stärker.

Lesen Sie die E-Mail, den Brief, das Fax des anderen sorgfältig, bevor Sie zum Hörer greifen.

Manche Telefonate werden dann unnötig. Viele Fragen sind bereits beantwortet. Darüber hinaus werden Sie im späteren Gespräch fähig, alle Punkte zu behandeln, die für den anderen wichtig sind.

Fragen Sie sich vor dem Gespräch:

- Ist dieser Anruf nötig?
- Was will ich mit ihm erreichen?
- Welche Punkte will ich behandeln?
- In welcher Reihenfolge?
- Welche Themen wird der Gesprächspartner anschneiden?
- Was brauche ich dafür griffbereit?
- Was darf ich nicht vergessen?

Bei vielen Gesprächen sprechen Sie die gleichen Themen an.

Fassen Sie die Basiselemente dieser Gespräche in einer Checkliste zusammen und ergänzen Sie diese dann um die speziellen Punkte des geplanten Gespräches.

Beginnen Sie Ihr Gespräch klar und deutlich.

Fragen Sie den anderen, ob ihm Ihr Anruf zu diesem Zeitpunkt passt. Liefern Sie Stichworte zum Zweck des Gespräches: „Ich möchte gerne drei Themen mit Ihnen besprechen. Es sind die folgenden. Von meiner Seite aus brauchen wir also nur wenige Minuten."

Verbannen Sie Füllmaterial aus Ihrem Gespräch.

Vermeiden Sie weitschweifige Einleitungen und zeitraubende Vorreden. Lassen Sie nicht Wesentliches und Unwesentliches ineinanderfließen. Machen Sie präzise Angaben und liefern Sie eine komplette Botschaft.

Sprechen Sie etwas langsamer. Machen Sie kleine Pausen.

Werden Sie dann besonders deutlich und eindringlich, wenn es um die entscheidenden Abstimmungselemente des Gespräches geht: „getroffene Vereinbarungen, Termine, wichtige Zahlen." Sie ersparen sich damit die zwanghafte Wiederholung: „Also, um es noch einmal zu sagen ..."

Hören Sie konzentriert und diszipliniert zu.

Erst, wenn Sie den anderen richtig verstanden haben und seine komplette Botschaft besitzen, können Sie relevant und überzeugend antworten.

Üben Sie sich im Umgang mit Dauerrednern.

Häufig sind sie nervös, verwirrt und voller Befürchtungen. Stabilisieren Sie diese Menschen:

- Sie sind für uns sehr wichtig.
- Ihr Thema ist von großer Bedeutung.
- Ich habe genau verstanden, was Sie sagen möchten und was Sie brauchen.
- Ich werde mich selbst darum kümmern und Sie spätestens morgen anrufen.

Werden Sie zum „Auskunfts-Profi".

Sie heben sich damit von vielen ab. Nur wenige sind fähig, brauchbare Auskünfte zu liefern. Bei zu vielen schüttelt man nach dem Gespräch den Kopf und spricht das Stoßgebet des Verzweifelten: „Oh Herr, jetzt bin ich genauso schlau wie vorher!"

Beurteilen Sie die Qualität Ihrer Gespräche.

- Wie freundlich, liebenswürdig und respektvoll habe ich mich verhalten?
- Habe ich meine Ziele erreicht?
- Wurde ich richtig verstanden?
- Habe ich die gestellten Fragen beantwortet?
- Kann ich jetzt bequem, schnell und effizient handeln?
- Kann es mein Gesprächspartner?

Nach dem Telefonat:

Halten Sie das, was Sie besprochen und versprochen haben, schriftlich fest. Tun Sie es sofort nach dem geführten Telefonat. Nicht erst nach zwei oder drei weiteren. Schreiben Sie es sorgfältig und gut gegliedert auf. Kaum etwas liefert Ihnen so viel innere Ruhe wie eine sorgfältige Dokumentation Ihrer Telefonate. Was für eine Bequemlichkeitsinvestition für die Zukunft, wenn es später darum geht, an das geführte Telefonat anzuknüpfen!

Erledigen Sie die von Ihnen versprochenen Rückrufe.

Pünktlich und auf die Minute. Schenken Sie Ihren Partnern die Überraschung und die Freude. Werden Sie für Ihre Zuverlässigkeit berühmt.

Und zum Schluss: Was hört man von Ihrem Anrufbeantworter?

Wie klar und bequem verständlich sind Ihre Ansagen? Rasseln Sie nicht in Überschallgeschwindigkeit Ihre Telefonnummer herunter. Nennen Sie Ihre Telefonnummer langsam und mitschreibbar. Wiederholen Sie sie. Ersparen Sie es dem Anrufer, noch einmal wählen zu müssen.

Heute anrufen

	Wen?	Telefon-Nr.
1.		
2.		
3.		
4.		
5.		
6.		
7.		
8.		
9.		
10.		
11.		
12.		

Anruf

Firma	
Name	
Anschrift	
Telefon-Nr.	
Fax/E-Mail	

Besprechen – Besprochen	
1.	
2.	
3.	
4.	
5.	
6.	

Versprochen:

Erledigt:

Die Organisation der Verlässlichkeit.

Besprochen?
Versprochen?
Erledigt?

20 Telefonate am Tag: 182.500 in 25 Jahren.

Es lohnt sich,
telefonieren zu lernen.

Der Unterschied zwischen Mensch und Tier:

Tiere können nicht telefonieren.
Kein Schaf ruft Sie an.

Rufen Sie eine Minute später an.

Ordnen Sie erst einmal Ihre Gedanken.
Führen Sie dann ein besseres und wahrscheinlich auch kürzeres Gespräch.

Erfolgsformel 34

Arbeiten Sie mit Checklisten.

Sie erinnern Sie an das, woran Sie denken müssen.

Viele lernen zu wenig aus ihren Erfahrungen.
Sie analysieren sie nicht, ordnen sie nicht und machen sie nicht für die Zukunft greifbar und nutzbar. Erkannte Erfolgsfaktoren nutzen sie zu selten. Die gleichen Fehler machen sie immer wieder.

Bei Profis ist das anders.
Umsicht und Sorgfalt sind Teile ihres Wesens. Sie unternehmen die größten Anstrengungen, um Fehler zu vermeiden. Besonders zuwider ist es ihnen, den gleichen Fehler ein zweites Mal zu machen. Ihr Gedächtnis ist besser als das der meisten. Deshalb können sie sich auch so gut an das erinnern, was sie einmal vergessen oder nicht berücksichtigt hatten.
Profis vertrauen nicht darauf, dass ihnen spontan alles einfallen wird, worauf sie bei einer bestimmten Aufgabe zu achten haben. Deshalb nutzen sie Werkzeuge, die die Erinnerungsaufgabe übernehmen und ihnen mitteilen:

- Diese Faktoren haben Sie zu berücksichtigen,
- diese Fehler haben Sie zu vermeiden,
- dies dürfen Sie nicht vergessen.

Profis arbeiten mit Checklisten.
Sie nutzen sie, um Erkenntnisse, Einfälle, Vorsichtsüberlegungen, besonders aber ihre Erfahrungen nicht verloren gehen zu lassen.

Je mehr auf dem Spiel steht, umso weniger geht es ohne Checklisten.

Denken Sie an die Aufgaben, bei denen „Null-Fehler-Programme“ absolut notwendig sind: Raumfahrt, Flugverkehr, Leistungen auf der Intensivstation, Abschluss von Verträgen, Einführung neuer Produkte. Manche werden sagen: „Ja, dort ist es sicherlich erforderlich, doch bei der Mehrzahl der Aufgaben kommt es nicht so darauf an.“ Für den Profi ist ein solcher Kommentar unbegreiflich. Er unterscheidet nicht nach „Aufgaben, bei denen es darauf ankommt“, und solchen, bei denen man sich Fehler und Unterlassungen leisten kann.

Checklisten sind Werkzeuge der Erfolgssicherung.

Mit ihnen werden Sie mühelos sorgfältig, kontinuierlich besser und erreichen und sichern ein höheres Professionalitätsniveau.

Mit Checklisten sparen Sie auf zweifache Weise Zeit.

Sie kommen mit der Arbeit schneller voran, und Sie benötigen keinen Zeitaufwand für Nachbesserungen. Der Grund hierfür: Die geleistete Arbeit ist komplett, fehlerfrei und damit abgeschlossen.

Erinnern Sie sich an Arbeiten, die fehlerhaft geleistet wurden.

An die Folgen, die ein kleiner Fehler oder eine Unterlassung ausgelöst haben. Was kostete das an Zeit, Kraft, Geld, Stimmungsverlusten und Reputationsreduzierung?

Nehmen Sie dieses Beispiel:

Ein Unternehmen veranstaltet einen Kongress für seine wichtigsten Kunden und Partner. Es verschickt ein beeindruckendes Programm und wartet auf das Echo. Das kommt sehr schnell. Ein Kunde ruft an, bedankt sich für die Einladung, möchte teilnehmen und fragt dann: „Wann findet der Kongress eigentlich statt?“
Der Angerufene sagt: „Der Termin steht auf der Vorderseite des Programms!“ Der Kunde antwortet: „Nein, da steht kein Termin!“ Danach

hört er eine Weile nur tiefes Durchatmen und leises Stöhnen und anschließend eine gebrechliche Stimme: „Bitte, machen Sie mich nicht krank!"
Viele haben nur deshalb so wenig Zeit, weil sie zu viel Zeit benötigen, um das in Ordnung zu bringen, was sie mit Mängeln versehen auf die Reise geschickt haben. Sie haben einen wichtigen Faktor vergessen, zu wenig kontrolliert und überprüft.

Viele Menschen überschätzen die Leistungsfähigkeit ihres Gedächtnisses.

Sie erscheinen, um einen Auftrag zu besprechen, nicken bei jedem Punkt, der ihnen genannt wird und schreiben sich keinen einzigen auf. Das Vertrauen desjenigen, der ihnen seine Wünsche und Forderungen vorträgt, nimmt bei jedem Punkt ab, den sein Gesprächspartner nur nickend entgegennimmt.
Was hätte der Auftraggeber dagegen für ein Sicherheitsgefühl, wenn sein Gesprächspartner ihm sagen würde: „Wir möchten alles, was für Sie wichtig ist, sorgfältig berücksichtigen. Deswegen arbeiten wir mit einer Checkliste. Darf ich sie Ihnen einmal geben?"

Checklisten sind Werkzeuge der Vertrauensbildung.

Für den Gesprächspartner sind sie ein Indikator für Umsicht, Genauigkeit, Vollständigkeit und den Willen, eine anständige Arbeit zu leisten. Bereits aus ihrer Existenz leitet er ab, dass er das bekommen wird, was er haben möchte – komplett, fehlerfrei und geeignet für den angestrebten Zweck.

Mit Checklisten fällt Ihnen das Delegieren leichter.

Sie können denen, die weniger Erfahrung besitzen als Sie, das für die zu erledigende Arbeit relevante Können liefern – Ihr Erfahrungsniveau, Ihre Umsicht und Ihr Präventionsvermögen.

Stellen Sie fest, welche Checklisten Sie besitzen.

Prüfen Sie, für welche Aufgaben es gut wäre, weitere Checklisten zu haben, und legen Sie in Ihrem Computer Dokumente dafür an.

Lernen Sie mehr aus dem, was Sie jetzt tun, für das, was Sie zukünftig tun werden.

Fragen Sie sich bei Ihrer Tätigkeit häufiger: „Welche Punkte sollten wir in unsere Checkliste aufnehmen?" Betrachten Sie die Checkliste als eine Leiter. Jeder neue Punkt liefert eine weitere Sprosse und bringt Sie höher hinauf.

Checklisten

Erfahrung und Voraussicht zwangsläufig wirksam werden lassen

- Urteilsvermögen erhöhen
- Erfolgsfaktoren häufiger berücksichtigen
- Wiederholung von Fehlern vermeiden
- Fehler erst gar nicht entstehen lassen
- Mitarbeiter selbstständig machen
- Mitarbeiter erfolgreich machen
- Zeit gewinnen
- Reputation sichern

Checkliste

Die Arbeit ist komplett und frei von Mängeln, erledigt zur vollsten Zufriedenheit.

Checklisten

Ohne sie gibt es kein Null-Fehler-Programm.

Sie denkt an alles. Sie vergisst nichts.

Was hat sie,
was andere nicht haben?
Eine Checkliste!

Sicherungsverwahrung.

Machen Sie den Fehler
nicht noch einmal.
Halten Sie ihn in einer
Checkliste fest.

Erfolgsformel 35

Die Kunst, sich beraten zu lassen

Wissen gewinnen auf professionelle Weise.

„Von jetzt an müssen wir lebenslang lernen!"
Diese Botschaft hat für den kreativen, unternehmerischen Menschen den gleichen Erkenntniswert wie die Mitteilung: Zukünftig wird der Mensch sein ganzes Leben lang essen und trinken müssen – oder der Hinweis: Zukünftig sind Türen vor Betreten eines Raumes zu öffnen!

Wache Menschen lernen Tag für Tag – solange Sie leben.
Ihnen ist seit jeher klar, dass es ohne Wissenszuwachs kein Überleben und kein Vorankommen gibt. Darüber hinaus ist die Gewinnung von Wissen eine Quelle ihrer Lebensfreude.

Sie wissen, welches Wissen ihnen fehlt.
Sie sind entschlossen, es zu beschaffen und die Zeitspanne der Unwissenheit und Ungewissheit so kurz wie möglich zu halten.

Sie betreiben den Wissenserwerb auf professionelle Weise.
Kontinuierlich, kreativ, zielgerichtet, organisiert und mit System. Das unterscheidet sie von vielen anderen.

Sie erschließen sich die besten Quellen und pflegen sie.

Sie machen es anderen leicht, Ihnen zu helfen. Sie wissen, wie man sich Rat liefernden Menschen gegenüber zu verhalten hat. Sie nehmen nicht nur, sie geben auch.

Jeder Mensch ist im Griff belastender Themen.

Ständig tauchen sie aus dem Bedrohungsuntergrund auf und okkupieren die Gedanken. Identifizieren Sie diese Themen und ermitteln Sie das Wissen, das Sie brauchen, um sich von ihnen zu befreien!

Viele existieren, die Ihnen dieses Wissen liefern können.

Sie sind Profis mit Erfahrung, Urteilsvermögen und relevanten Kenntnissen. Ein guter Berater lässt Sie die Lage erfassen, liefert Ihnen Urteilsvermögen und Lösungen. Er macht Sie entscheidungsfähig und bringt Sie voran. Häufig mit wenigen Worten und ohne großen Zeitaufwand. Ob es um Ihre Gesundheit, Ihre Finanzen oder andere Themen geht.

Ein guter Berater befreit Sie von Emotionen.

Er befähigt Sie, rational und gelassen zu denken, mindert Ihre Befürchtungen und Besorgnisse und zeigt Ihnen, was möglich ist, um Sicherheit zu erlangen.

Holen Sie sich frühzeitig Rat.

Investieren Sie die Zeit dafür. Setzen Sie die notwendigen finanziellen Mittel ein. Holen Sie sich nicht erst dann Rat, wenn eine bestimmte Situation eingetreten ist. Tun Sie es präventiv, um für eine solche Situation gewappnet zu sein oder um zu verhindern, dass sie eintritt. Das gleiche gilt für die Chancen, die Sie ergreifen wollen. Holen Sie sich frühzeitig Rat, um die geeignete Strategie zu finden und schneller voranzukommen.

Suchen Sie sich professionelle Ratgeber.

Vertrauen Sie aber auch dem Urteilsvermögen und der Lebensklugheit des „durchschnittlichen“ Menschen. Alle Menschen haben Probleme. Sie haben Belastungen zu ertragen und Hindernisse zu überwinden. So werden Sie zwangsläufig zu Experten. Sie erleiden und zahlen viel, um anschließend zu wissen, worauf es ankommt.

Fragen Sie sich bei jedem Menschen, zu dem Sie Kontakt haben:

- Was könnte er wissen?
- Was könnte ich von ihm erfahren?
- An wen könnte er mich verweisen?

Erkennen Sie, wie schnell gerade ein Gespräch Ihnen etwas zu geben vermag.

Gespräche sind die wirksamste Form des Wissenserwerbs, wenn es darum geht, etwas mühelos zu begreifen. In einem Gespräch erfahren Sie in Sekunden das, wofür Sie beim Studieren einer Gebrauchsanweisung Stunden benötigen würden.

Lassen Sie den Menschen, dessen Rat Sie möchten, Ihre Zuneigung und Wertschätzung erkennen.

Öffnen Sie den Deckel der „Schatztruhe seines Wissens“ mit einem Kompliment. „Sie haben das besser gelöst, als ich es jemals gesehen habe. Dafür gibt es sicher Gründe?“ „Ja, die nenne ich Ihnen gern. Sie müssen konsequent auf drei Faktoren achten ...“

Machen Sie es dem anderen leicht, Sie zu beraten.

Bereiten Sie sich vor. Schreiben Sie sich Stichworte auf. Geben Sie ihm diese zum Lesen. Setzen Sie seinen Namen über diese Stichworte. Verbinden Sie ihn so mit den Themen. Dokumentieren Sie, was Sie beim letzten Treffen besprochen und was Sie inzwischen getan und erreicht haben.

Bitten Sie Ihren Berater um Verständlichkeit:

„Gehen Sie bitte davon aus, dass ich hiervon sehr wenig weiß. Setzen Sie nichts voraus. Erklären Sie mir bitte auch die Begriffe, die Sie verwenden.“ Erbitten Sie eindeutige Aussagen: „Sie sagten, *man sollte eigentlich* ... Was meinen Sie mit *eigentlich*, soll ich es tun, oder soll ich es lassen?“

Stellen Sie Fragen, die geeignet sind, brauchbare Antworten zu produzieren.

- Wie machen Sie das selbst?
- Was sind die Hauptrisikofaktoren?
- Wovor muss ich mich hüten?
- Worauf muss ich besonders achten?
- Welche Fehler muss ich vermeiden?
- Was darf ich nicht vergessen?
- Was muss ich kontrollieren?
- Was gibt es an Lösungen?
- Welche Vorteile und Nachteile hat die einzelne?
- Welche Lösung empfehlen Sie?
- Gibt es eine einfachere?
- Was sollte ich außerdem tun?
- Haben Sie noch einen Tipp für mich – auch, wenn er mit unserem Thema nichts zu tun hat?
- Haben Sie in letzter Zeit etwas erfahren oder erlebt, was auch für mich relevant sein könnte?

Kennen Sie jemanden, der mir weiterhelfen könnte?

- Mit wem sollte ich sprechen?
- Wie erreiche ich ihn oder sie am besten?
- Könnten Sie den Kontakt für mich herstellen? – Vielen Dank!

Fangen Sie nicht sofort an, das Gesagte zu bewerten.

„Geht nicht, geht vielleicht, könnte gehen, geht nicht." Damit lähmen Sie Ihren Gesprächspartner völlig. Sie machen ihn unfähig und unwillig. Hören Sie wohlwollend und diszipliniert zu – ohne ständige Unterbrechungen und Kommentare. Springen Sie nicht von einem Thema zum anderen. Erzählen Sie keine Geschichten aus Ihrer weit zurückliegenden Vergangenheit. Das Gespräch ist für die Zukunft da.

Es gibt den beratungsresistenten Menschen.

Er ist an anderen nicht interessiert. Er hat weder Freude an ihnen, noch respektiert er sie. Für ihn sind sie nichts als Resonanzböden. Er weiß alles, und alles besser. Er will keine Ratschläge, sondern die Bestätigung seiner Ansichten, Beifall, Lobgesänge und Weihrauch.

Meine Meinung steht fest. Bitte verwirren Sie mich nicht mit den Tatsachen.

Ihm ist nicht zu helfen. Erfahrung, Klugheit, Wahrnehmungs- und Urteilsvermögen anderer nutzt er nicht. Er geht davon aus, dass er alles sieht, erkennt und weiß. Eine englische Untersuchung über die Ursachen menschlichen Versagens bei Flugunfällen illustriert das. Die meisten dieser Unfälle waren darauf zurückzuführen, dass sich Copiloten nicht mehr trauten, dem Kapitän eine Beobachtung mitzuteilen und einen Rat zu geben. Seine früheren Reaktionen: „Ich brauche Ihren Rat nicht!", hatten sie gelähmt. Ihre Furcht vor seiner Reaktion war größer als die Furcht vor der Gefahr.

Holen Sie sich Rat und handeln Sie danach.

Das ist der Sinn der Beratung. Manche haben ihn nicht begriffen. Sie mögen die Beratung. Sie fragen auch ständig um Rat. Dann aber leben sie weiter, als wäre nichts gewesen. So aber war das nicht gedacht.

Welches Wissen fehlt Ihnen?

- Seit wann wissen Sie das?
- Was hat Sie daran gehindert, es zu erwerben?
- Wollen Sie es überhaupt erwerben?
- Haben Sie schon entschieden wann?
- Wissen Sie, von wem Sie es bekommen könnten?
- Was würde es Ihnen ermöglichen?
- Welche Entscheidungen könnten Sie treffen?
- Womit könnten Sie endlich beginnen?
- Welche Chancen könnten Sie ergreifen?
- Womit könnten Sie aufhören?
- Welche Engpässe könnten Sie sprengen?
- Welche Kontakte könnten Sie herstellen?
- Auf welchen Gebieten würden Sie schneller werden?
- Aus welcher Abhängigkeit könnten Sie sich lösen?
- Was würden Sie an Freiheit und Sicherheit gewinnen?
- Welche Belastungen und Bedrohungen wären Sie los?
- Was würden Sie an innerer Ruhe gewinnen?
- Was würden Sie sparen?

**Je mehr ein Mensch kann,
umso mehr schätzt er
den klugen Rat
eines anderen.**

Lohnende Frage:

Kennen Sie jemanden,
der mir weiterhelfen
könnte?

Worauf

sollte ich besonders achten?

Fragen, die mehr als Verblüffung bringen:

Was habe ich vergessen, Sie zu fragen?
Was hätte ich Sie fragen sollen?

Erfolgsformel 36

Befreien Sie sich von Ballast.

Bringen Sie Leichtigkeit in Ihr Leben.

Es wächst nicht nur die Weltbevölkerung.

Es wächst vor allem die Zahl der Gegenstände, die Bleiberecht in unseren Lebensräumen fordern. In manchen Räumen haben diese Gegenstände bereits die absolute Herrschaft übernommen. Denken Sie an die Stofftiere, die unsere Kinderzimmer in einen Dschungel verwandelt haben.

Verglichen mit dem Angriff der Gegenstände auf unseren Lebensraum, war der Mongolensturm ein Osterspaziergang. Wenn wir nicht endlich lernen, mit Gegenständen professionell umzugehen, sie sorgfältig auszuwählen, uns ihrer zu erwehren und uns von ihnen zu trennen, werden wir in einer Flut von Gegenständen ertrinken.

Wir lassen die Gegenstände in unsere Räume, damit sie uns dienen.

Das ist die Aufgabe, die sie zu erfüllen haben. Sie sind die Diener des Menschen. Wird die Zahl der Diener jedoch zu groß, übernehmen sie die Herrschaft. Wohin Sie dann auch blicken, überall sitzt oder steht ein Diener und verbraucht Platz, ohne etwas zu tun.

Betrachten Sie Gegenstände als Mitglieder einer Wohngemeinschaft.

Sie können nicht jeden Gegenstand, der kommt, in ihre Räume lassen. Sie können nicht jeden dort bleiben lassen, der bereits da ist. Schließlich sagen Sie auch nicht zu Menschen, die klingeln: „Kommen Sie bitte herein, machen Sie es sich bequem, suchen Sie sich den besten Platz, und leben Sie dann, solange Sie wollen, hier weiter!"

Viele Gegenstände sind nichts als Ballast.

Der mag wichtig sein bei Schiffen ohne Ladung, die den Tiefgang brauchen. Wir jedoch sind bereits beladen und können auf zusätzliche Lasten verzichten.

Gegenstände sind schlau.

Sie haben nur ein Ziel: dort zu bleiben, wo sie sind. Selbst, wenn sie seit Jahren nichts für uns getan haben, senden sie permanent die Botschaft: „Irgendwann werden Sie froh darüber sein, dass Sie mich behalten haben!" Die heimtückischsten Gegenstände sind die, die sich mit dem Text geschmückt haben: „Ich bringe Ihnen Glück!" Kein Irdischer hat es bisher gewagt, einen solchen Gegenstand hinauszuwerfen.

Viele Gegenstände beanspruchen nur Raum. Leisten tun sie nichts.

Weder verbessern sie Ihre Stimmung, noch dienen sie Ihnen als Werkzeug und helfen Ihnen dabei, voranzukommen. Sie sind einfach nur da, beanspruchen Raum und wollen gepflegt sein. Sie zerstören die Großzügigkeit Ihrer Umwelt, wirken lähmend, stehen ständig im Weg und machen es Ihnen schwer, das zu finden, was Sie wirklich brauchen. Eine freie Arbeitsfläche verwandeln sie in einen chaotischen Lagerplatz. Sie drängen sich in Ihr Blickfeld, senden zerstörerische Botschaften, begründen Chaos und zwingen Sie, immer wieder Ordnung schaffen zu müssen.

Gegenstände sind die wirklichen Hausbesetzer.

Dagegen sind ihre menschlichen Kollegen ein versprengter Haufen.

Wir haben im Leben Lasten zu befördern.

Hierbei haben die Gegenstände uns zu dienen. Es geht nicht an, dass das, was als Beförderungsmittel hereingelassen wurde, anfängt, sich breit zu machen und selbst zur Last zu werden.

Manche Menschen mieten zusätzlichen Raum, um ihren Ballast standesgemäß unterzubringen.

Anstatt den Ballast vor die Tür zu setzen, finanzieren sie ihm ein Eigenheim. Das ist die Spitze der Unterwerfungssucht und wirkliche Feigheit vor dem Feind.

Prüfen Sie bei jedem Gegenstand, was er für Sie leistet.

Tun Sie das regelmäßig, und nicht nur, wenn ein Umzug ansteht. Geben Sie keinem Gegenstand leichtfertig eine Aufenthaltsgenehmigung.

Fassen Sie den Begriff „Gegenstand" sehr weit.

Sehen Sie auch Informationen als Gegenstände an. Es heißt nicht umsonst: „Die Information ist das Produkt der Zukunft!" Inzwischen ist die Zukunft da. Denken Sie an den Umgang mit E-Mails. Hier ist inzwischen die Sehfähigkeit für das Volumen des Unerwünschten sehr groß geworden. Hier existieren bereits Filtersysteme gegen den Angriff auf unseren Raum, auf unsere Zeit und unsere Sicherheit.
E-Mails sind jedoch nur ein Teil der Flut dessen, was versucht, bei uns einzubrechen und dann zu bleiben. Wir haben erkannt, dass wir in Daten ertrinken können. Aber auch andere Gegenstände, bei denen wir das noch nicht so sehen, verwandeln unseren Lebensraum in einen Sumpf.

Verhindern Sie, dass das Wertlose das Wertvolle verdeckt.

Je mehr Sie vom Wertlosen umgeben sind, umso weniger erkennen Sie, was Sie an Wertvollem haben und wo es sich befindet. Jeder unnötige Gegenstand versperrt Ihnen den Zugang zu den Gegenständen, die Sie wirklich benötigen.

Das Finden dessen, was Sie brauchen, geschieht am einfachsten dadurch, dass Sie das aussortieren, was Sie nicht brauchen.

Je mehr Ballast da ist, umso mehr Ballast entsteht.

Nehmen Sie dieses Beispiel: Sie stehen vor einer Aufgabe und müssen eine Lösung erarbeiten. Sie haben diese Art von Aufgabe schon oft gehabt. Sie verfügen also bereits über Lösungen. Es fällt Ihnen schwer, diese zu finden. Also entwickeln Sie eine neue Lösung. Sie werden gezwungen, ständig bei Adam und Eva anzufangen.

Ballast nimmt Ihnen jede Leichtigkeit.

Kein Mensch kann erfolgreich an einem Marathonlauf teilnehmen mit Skistiefeln an den Füßen und einem Rucksack voller Steine auf den Schultern.

Simulieren Sie Raumknappheit.

Legen Sie nicht nur fest, wo Sie was in einem Raum unterbringen wollen, sondern auch, welche Flächen frei zu bleiben haben. Schönheit ist der freie Raum zwischen den Gegenständen. Erhalten Sie entschlossen freie Flächen.

Der geistig tätige Mensch braucht innere Ruhe.

Mit jedem Gegenstand, von dem Sie sich befreien, reduzieren Sie die Unruhe, gewinnen Gelassenheit, Konzentrationsfähigkeit und den Antrieb, das zu tun, was nötig ist.

Identifizieren Sie das, was Sie nicht brauchen.

Trennen Sie sich davon. Tun Sie das auch, wenn es mühsam war, es zu erwerben, viel gekostet hat, Sie nichts mehr dafür bekommen, wenn keiner es haben will und das Entfernen Mühe und Geld kostet.

Gehen Sie vom Zeitwert der Gegenstände aus, und nicht von ihrem Anschaffungspreis.

So hoch dieser auch gewesen sein mag, gilt doch: Ein Gegenstand, der nur lagert, anstatt etwas zu leisten, hat inzwischen seinen Wert verloren.

Erkennen Sie den Nutzen der Befreiung vom Unnötigen:

Sie gewinnen innere Ruhe, werden weniger abgelenkt, müssen sich um weniger kümmern, sparen Geld und Zeit und finden die Kostbarkeiten wieder, die Ihnen wirklich helfen. Frei gewordene Räume liefern Ihnen ein Gefühl der Freiheit. Sie werden nicht mehr bedrängt und nichts steht Ihnen mehr im Wege. Sie sind nicht mehr belastet und nicht mehr behindert. Sie können sich mit Leichtigkeit bewegen. Sie sind freier geworden an sich und damit auch freier für die Offensive.

Jeder Gegenstand in Ihrem Blickfeld lenkt Sie ab

- macht Sie unruhig,
- stiehlt Ihnen die Konzentration,
- behindert und blockiert Sie,
- lähmt Sie,
- nimmt Ihnen Antrieb und Kraft.

Schaffen Sie freie Flächen!

50 %

dessen, was Sie besitzen, liefern Ihnen keinen Nutzen.

Welche 50 % sind es?

Je mehr Sie haben, umso weniger werden Sie finden.

Suchen Sie nicht nach der Nadel.
Entfernen Sie das Heu.

Lassen Sie weniger in Ihre Räume hinein.

Befördern Sie mehr
aus Ihren Räumen hinaus.

Entlastungs-Credo.

Ich tue nur, was sinnvoll ist
und lasse das andere sein.
Ich behalte nur, was Nutzen bringt
und werde mich vom anderen befreien.

Teil VI

Erhöhen Sie Ihre Lebensqualität

Erfolgsformel 37

Das Privatleben als Quelle der Kraft und Ermutigung

Liefern Sie Sicherheit und schenken Sie Lebensfreude.
Verbessern Sie hierfür Ihre private Kommunikation.

Die Heimat der Professionalität ist der Beruf.

Hier stehen wir im Wettbewerb und unter Zeitdruck. Ständige Veränderungen sind normal. Es existieren Ziele und eine Erfolgskontrolle.

Im Privatleben ist von Professionalität weniger zu sehen.

Für die meisten ist das Privatleben ein wettbewerbsfreier Raum. Hier gibt es weder Konkurrenz noch einen Chef. Probleme sind zwar auch da, aber vielen von ihnen gönnt man ein langes Leben.
Das Setzen von Zielen, die Überprüfung des eigenen Verhaltens, die Ermittlung der erbrachten Leistungen und Behutsamkeit im Umgang miteinander erscheinen weniger wichtig. Hier muss man nicht ständig abwägen, was man sagt und tut, denn die Geschäftsgrundlage ist die Liebe.
Das Berufsleben ist der Dschungel. Das Privatleben ist der Zoo. Im Privatleben wird man gefüttert, im Berufsleben gefressen.

Das Berufsleben bekommt die Gegenwart geliefert.

Dem Privatleben wird die Zukunft versprochen.

Lassen Sie Ihre private Gegenwart nicht davonfließen.

Verlieren Sie nicht den Sommer Ihres Lebens, indem Sie sich damit trösten, dass es noch einen Herbst und Winter gibt. Je älter Sie werden, umso schneller fließen die Jahre davon. Von einem bestimmten Alter an lohnt es sich nicht mehr, die Winterreifen abnehmen zu lassen.

Warten Sie mit der Belebung Ihres Privatlebens nicht, bis Sie irgendwann einmal mehr Zeit haben.

Beginnen Sie jetzt mit dem, was sofort möglich ist, der Veränderung Ihrer privaten Kommunikation. Sie führt Sie automatisch zu anderen Themen, einem anderen Verhalten, gesteigerter Entschlusskraft und Aktivität.

Worüber reden Sie privat?

Wie viel lassen Sie aus dem Beruflichen in die privaten Gespräche einfließen? Wie viel Positives bringen Sie und wie viel Negatives? Welche Personen kommen in Ihren Gesprächen als Hauptdarsteller immer wieder vor? Von welchen Themen sollten Sie Ihre Gespräche endlich befreien?

Tragen Sie keine Angst und Furcht in das Leben Ihrer Familie hinein.

Seien Sie vorsichtiger mit bedrohlichen Informationen und Gefühlsäußerungen. Benutzen Sie Ihre Familie nicht als Mülleimer für das, was Sie aus Ihrem Berufsleben zu entsorgen haben. Lassen Sie sich nicht ständig über die Verhältnisse aus und das, was Ihnen widerfahren ist. Nörgeln Sie nicht, klagen Sie nicht und beschweren Sie sich nicht andauernd.

Liefern Sie positive Botschaften.

Schenken Sie Ihren Familienmitgliedern mehr Mut und Fröhlichkeit. Lachen Sie mehr und bringen Sie die anderen zum Lachen.

Engen Sie den Freiheitsspielraum Ihres Ehepartners nicht ein.

Lähmen Sie ihn nicht. Zerstören Sie nicht seinen Elan und seine Unternehmungslust. Belehren und bevormunden Sie ihn nicht. Mischen Sie sich nicht überall ein. Lassen Sie die von Ihnen gelieferte Hilfe nicht zum „Fürsorgeterror" werden.

Verzichten Sie auf Rechthaberei.

Kritisieren Sie weniger! Liefern Sie nicht ständig Schuldzuweisungen. Führen Sie keinen Streit über lächerliche Themen.

Beginnen Sie Ihre Gespräche mit den Themen Ihres Partners.

Bleiben Sie bei diesen Themen. Antworten Sie auf das, was der andere sagt und leiten Sie nicht sofort zu sich und Ihren eigenen Themen über.
Vor der Ehe: „Du, Du, Du, Du, Du, ich." In der Ehe: „Ich, Ich, Ich, Ich, Ich, du."

Kommen Sie in Ihren Gesprächen schneller zum Punkt.

Holen Sie nicht lange aus, um dann, wenn der andere bereits alle Hoffnung verloren hat, endlich in die Nähe dessen zu kommen, was Sie mitteilen wollen.

Gehen Sie dem anderen nicht mit Fragen dieser Art auf die Nerven:

- Wo warst Du?
- Wo bist Du?
- Was machst Du?
- Wann kommst Du?

Verzichten Sie auf degradierende Fragen:

Hast Du Dich wieder beruhigt? Bist Du wieder zu Dir gekommen? Kann man jetzt wieder vernünftig mit Dir reden?

Bleiben Sie erträglich.

Was kann Ihr Ehepartner nicht mehr hören? Welche Wörter, Formulierungen, Fragen, Kommentare und Geschichten? Setzen Sie bestimmte Ihrer jetzigen Verhaltensweisen auf die Tabuliste. Loben Sie mehr und bedanken Sie sich häufiger.

Sprengen Sie die Routine. Sorgen Sie für Abwechslung.

Machen Sie „Überraschungen“ zu einem Bestandteil Ihres Lebens.

Blockieren Sie Termine und Zeiträume für private Aktionen.

Tun Sie das genauso langfristig im Voraus wie im Beruflichen.

Befreien Sie sich auch privat von Hetze und Hektik.

Fahren Sie einen Tag später in Urlaub. Arbeiten Sie mit „Quarantänezeiten“ vor und nach wichtigen privaten Ereignissen.

Die neue „Luxus“-Definition einer liebenswerten Dame:

„Ach, wissen Sie, mein Luxus ist mein Mann!“ In diesem Sinne: Die wichtigsten Menschen in Ihrem Leben sind Ihr Ehepartner und Ihre Kinder. Geben Sie ihnen Vorrang und Vorfahrt. Sie haben Priorität.

Weshalb klingt der Begriff „Konferenz“ im Zusammenhang mit dem Privatleben so eigentümlich?

Wieso werden „Konferenzen“ fast ausschließlich im Berufsleben veranstaltet? Auch im Privatleben gibt es genügend Themen, die es wert sind, auf die Tagesordnung gesetzt und professionell behandelt zu werden.

Familienkonferenz Tagesordnung

- Förderung der Kinder und Enkelkinder?
- Was ist zurzeit bei uns besonders positiv?
- Aktuelle Probleme? Chronische Probleme? Risikofaktoren?
- Belastungen und Engpässe?
- Fällige und überfällige Entscheidungen?
- Kurzfristige Ziele? Langfristige Ziele?
- Maßnahmen für unsere Gesundheit und Fitness?
- Veränderung unserer Ernährungsweise?
- Finanzplanung und Budgetierung?
- Vermögensplanung?
- Unser Versicherungsschutz?
- Anschaffungen und Investitionen?
- Verbesserung der Wohnbedingungen?
- Gegenseitige Unterstützung und Entlastung?
- Gewinnung der Hilfe anderer?
- Bessere Hilfsmittel und Werkzeuge?
- Ballastbefreiung und Verschönerung?
- Urlaub? Gemeinsame Reisen? Andere Unternehmungen?
- Weiterbildung?
- Womit aufhören? Womit anfangen?

Für Ihr Leben und Ihre Lebensqualität sind Sie selbst verantwortlich.

Warten Sie nicht darauf,
dass Ihr Partner damit beginnt,
Ihre Lebensbedingungen so zu gestalten,
wie Sie sie gerne hätten.
Nehmen Sie das selbst in die Hand.

Erklären Sie nicht ständig, was Sie alles tun und leisten.

Teilen Sie dem anderen lieber mit,
was er leistet, wie sehr Sie das bewundern
und wie viel Freude Sie daran haben.

Achten Sie auf Ihren Gesichtsausdruck. Sie haben viele mimische Möglichkeiten.

Entscheiden Sie sich für:
mitfühlend, erfreut, überrascht, begeistert, entzückt.

Lehnen Sie ab:
teilnahmslos, uninteressiert, abwesend, ablehnend, misstrauisch, missmutig, mürrisch, wütend, verbissen.

Vielleicht ist Ihre Gesprächssubstanz inzwischen ausgebrannt.

Erheben Sie sich aus der Asche, und beginnen Sie, Lebendiges und Neues von sich zu geben.

Alte Themen machen müde.
Neue lösen Hoffnung aus.

Erfolgsformel 38

Bleiben Sie jung.

Sie werden gebraucht.

Kalendarisch gesehen werden Sie jedes Jahr ein Jahr älter. Ob Sie jedoch alt werden oder aber jung bleiben, bestimmen Sie selbst.

Ihr Besitz an Vergangenheit vermehrt sich ständig.

Er droht Ihre Zukunft zu überfluten. Verhindern Sie das. Nehmen Sie Ihre Jugendlichkeit mit in Ihre Zukunft hinein.

Sie brauchen eine Zukunftsversorgung.

Üblicherweise wird sie „Altersversorgung" genannt. Wahrscheinlich nur deshalb, weil Sie in der Zukunft älter sein werden und das, was Sie im Alter materiell benötigen, dann nur noch schwer erwerben können.

Zwei Arten von Altersversorgung gibt es:

- die Versorgung für das Alter
- die Versorgung mit Alter

Für die erste Art müssen Sie sich fragen: „Worauf muss ich in der Gegenwart materiell verzichten, um mir in der Zukunft das leisten zu können, was ich dann benötige?" Auf die „Versorgung mit Alter" sollten Sie eher dankend verzichten und stattdessen ein Programm für die „Erhaltung Ihrer Jugendlichkeit" entwickeln.
Viele, die, finanziell gesehen, bedachtsam und planmäßig für ihr

„Alter" sparen, verhalten sich völlig fahrlässig, wenn es um die Sicherung ihrer Jugendlichkeit geht. Natürlich wünschen sie sich gesund zu bleiben. Sie möchten jugendlich sein und wirken. Nur denken sie nicht genügend über die Attribute nach, die das Wesen der Jugendlichkeit ausmachen. Sie verlieren zu viel von dem, was zur Jugendlichkeit gehört, und merken nicht, wie viel ihnen davon bereits abhanden gekommen ist.

Studieren Sie das Verhalten der Kinder.

Kinder sind optimistisch, enthusiastisch, übermütig, ausgelassen und voller Tatendrang. Sie sind neugierig, wissensdurstig und lernwillig. Sie nehmen mehr wahr als die meisten Erwachsenen. Ihre Beharrlichkeit und Ausdauer ist beeindruckend. Von Gleichförmigkeit und Routine halten sie nichts. Für Abwechslung und Neues sind sie immer zu haben. Sie freuen sich auf die Zukunft und sehnen sie herbei. Das Leben ist für sie ein Abenteuer. Müde zu sein streiten Sie vehement ab. Ins Bett muss man sie zwingen. Was für ein Reichtum und welches Volumen an Lebensfreude. Und wie wenig tun so viele Erwachsene dafür, sich diesen Reichtum zu erhalten.

Betrachten Sie Ihre Jugendlichkeit als ein Vermögen.

Die Härte des beruflichen Überlebenskampfes bedroht es. Viele haben ihr „Jugendlichkeits-Vermögen" bereits im Sommer ihres Lebens aufgezehrt.

Weigern Sie sich alt zu wirken.

Installieren Sie ein Frühwarnsystem, das Ihnen anzeigt, in welche Richtung Sie sich bewegen. Jüngere Menschen sprechen über das, was sie tun oder tun wollen. Ältere sprechen über das, was sie einmal getan haben. Jugendliche Menschen vollbringen Taten. Ältere berichten von Taten.

Halten Sie sich jung durch „junge“ Gespräche.

Sprechen Sie über zukunftsbezogene Themen. Gestatten Sie sich nur ein begrenztes Kontingent für die Behandlung von Themen, die aus der Vergangenheit stammen.

Suggerieren Sie sich nicht mit Hinweis auf Ihr kalendarisches Alter, dass Sie auch alt wären.

Suchen Sie nicht nach Argumenten, mit denen Sie beweisen können, dass Sie alt sein müssen. Teilen Sie sich und anderen nicht immer wieder mit, wie schwer Sie es hatten, was Sie alles hinter sich haben und dass deshalb kein Mensch erwarten kann, dass Ihnen noch etwas an Kraft, Energie und Leistungsvermögen geblieben sein könnte.

Wenn Sie älter werden, benötigen Sie mehr als eine finanzielle Absicherung.

Sie brauchen Optimismus, Energie und Beweglichkeit. Sie brauchen Kontakte, Aktivitäten und Herausforderungen. Jung bleiben Sie nur, wenn Sie Ihr Gehirn trainiert halten.
Die Lebensqualität, die Sie sich wünschen, werden Sie nicht gewinnen mit Ruhe, Schonung und Alleinsein. Die Vermeidung von Anstrengungen wird Sie schwächen. Anstrengungen werden Sie jedoch jünger und kräftiger machen. Wenn Sie jung bleiben wollen, dann brauchen Sie harte Arbeit, und nicht nur eine Beschäftigung, die sich hochstapelnd als Arbeit ausgibt. Ältere werden wieder jung, wenn sie gebraucht werden. Warten Sie nicht, bis die Arbeit kommt, gehen Sie auf sie zu.

Machen Sie Ihr zukünftiges Alter zur Zeit der Ernte und nicht zu einer Zeit der Dürre.

Sie bleiben jung, wenn Sie sich jugendlich verhalten, stark, wenn Sie andere stärken. Warten Sie nicht darauf, dass andere etwas für Sie tun. Tun Sie etwas für andere. Das bringt Sie mit Menschen zusammen und erzwingt von Ihnen das, was Sie brauchen, um wach, geistig rege und beweglich zu bleiben.

Freude am Leben können Sie nur gewinnen, wenn Sie Menschen mögen.

Alt ist der Mensch mit dem gleichgültigen Gesichtsausdruck. Jung ist der mitfühlende Mensch. Alt ist der Pessimist, und jung ist der Optimist. Großzügigkeit hält jung. Geiz macht alt. Mit Geiz gestehen Sie sich und anderen nur ein Minimum zu. Geiz trocknet den Menschen aus. Er hüllt die Seele in eine Lederhaut.

Denken Sie positiv und bleiben Sie begeisterungsfähig.

Vergleichen Sie die jetzige Zeit nicht abwertend mit früheren Zeiten. Beklagen Sie nicht das, was verloren gegangen ist, sondern bringen Sie es wieder zum Leben. Gewinnen Sie andere dafür, sich ähnlich zu verhalten.
Entfremden Sie sich nicht der Zeit, in der Sie jetzt zu leben haben. Hüten Sie sich vor dem Satz: „Dies ist nicht mehr meine Zeit!" Lernen Sie das Wesen und die Werkzeuge der Zeit kennen, in der Sie noch jugendlich wirken wollen.

Gewinnen Sie interessante und vitale Gesprächspartner.

Sichern Sie sich Bezugsquellen für frische Gesprächsstoffe. Kommen Sie mehr mit denen zusammen, die etwas aufbauen wollen und leisten müssen, und weniger mit denen, die nur über das berichten, was sie einmal aufgebaut oder geleistet haben.

Verbinden Sie sich mit der Welt.

Nie war das für Menschen leichter als heute. Mit Internet und E-Mail verfügen Sie über Straßen und Transportmittel, mit denen sie ohne Anstrengung und mit größter Geschwindigkeit virtuell an jeden Ort gelangen. Sie können den Kontakt zu anderen Menschen herstellen, Anerkennung aussprechen, sich bedanken, Fragen stellen, Anregungen geben und Hilfe leisten. Viele ältere Menschen haben überhaupt noch nicht erkannt, welche Macht, Einfluss zu nehmen, sie mit diesen neuen Werkzeugen gewonnen haben.

Als Ältere besitzen sie Erfahrung, Urteilsvermögen und Lösungen. Alles das können sie jetzt auf viele andere wirken lassen. Es ist für sie leichter geworden, dem zu entgehen, was der gebildete, geistig rege Mensch als die wahre Tragik des Alters betrachtet: „das Abgeschnittensein vom Kontakt mit gebildeten, belebten und anregenden anderen Menschen".

Mission für Ältere

Jüngeren vorleben, wie lange man jung bleiben kann:

kreativ,

kraftvoll,

optimistisch,

begeistert,

fröhlich,

mutig,

professionell.

Älter
werden Sie.

Alt
machen Sie sich.

Jüngere:
voller Wagemut.

Ältere:
voller Vorsicht.

Sie sollten
miteinander teilen.

Dienen Sie sich nicht dem Alter an:

„Nach dem, was ich
im Leben geleistet habe,
kann nicht mehr viel
von mir übrig sein!“

Erfahrungen sind Bauelemente.

Sie können Hürden
oder Leitern
daraus machen.